油气站库运行管理与操作

主　编　辛　颖　王　岩
副主编　赵　怡　张　晋（企业）
参　编　李　影　郝海彦
　　　　刘阿妮　高　静
主　审　武世新

北京理工大学出版社
BEIJING INSTITUTE OF TECHNOLOGY PRESS

内 容 简 介

本教材依据职业岗位能力要求，采用模块化设计，整合典型工作任务，循序渐进地介绍了计量站、接转站、污水处理站、原油处理站、注水站以及储油库的运行管理及操作内容，以期对集输工、采油工、油气输送工的职业岗位能力起到支撑作用。

本教材可作为石油工程类相关专业的教学用书，也可作为油田职工培训的参考书。

版权专有　侵权必究

图书在版编目(CIP)数据

油气站库运行管理与操作 / 辛颖，王岩主编. -- 北京：北京理工大学出版社，2023.3
ISBN 978-7-5763-2790-8

Ⅰ．①油… Ⅱ．①辛… ②王… Ⅲ．①加油站-运营管理②天然气-加气站-运营管理 Ⅳ．①U491.8

中国国家版本馆 CIP 数据核字(2023)第 162624 号

责任编辑：多海鹏	**文案编辑**：多海鹏
责任校对：周瑞红	**责任印制**：李志强

出版发行 /	北京理工大学出版社有限责任公司
社　　址 /	北京市丰台区四合庄路 6 号
邮　　编 /	100070
电　　话 /	(010) 68914026（教材售后服务热线）
	(010) 68944437（课件资源服务热线）
网　　址 /	http://www.bitpress.com.cn

版 印 次 /	2023 年 3 月第 1 版第 1 次印刷
印　　刷 /	涿州市新华印刷有限公司
开　　本 /	787 mm×1092 mm　1/16
印　　张 /	13.5
字　　数 /	282 千字
定　　价 /	69.90 元

图书出现印装质量问题，请拨打售后服务热线，负责调换

前 言

本书为贯彻落实党的二十大精神，积极融入绿色发展、科技创新、高质量发展等理念，以职业活动为导向，紧密对接行业企业最新内容，融入石油智能化生产新设备、新技术、新工艺和新标准，紧扣专业教学标准和国家职业技能等级标准，并按逻辑关系和学生的认知规律进行了整合和序化。

本书采用校企合作的编写机制，在编写之初做了大量的企业调研，并聘请行业、企业专家和技术人员进行座谈，分析、提炼出现场职业岗位的典型工作任务，在编写过程中企业人员就学习目标的定位、生产标准的提供，以及教材评价体系的设计等给出了关键的帮助与指导。本书将理论与技能相结合，难易适度，非常适合现代化高职学生职业能力的培养，且编写符合先进性、科学性和适用性的设计理念。

本书融入了大量的精品课程资源，通过学生易学易懂的数字化资源，进一步丰富了内容，拓宽了读者视野，全书贯彻"任务描述→任务目标→工作准备→任务实施→评价反馈"5个阶段的学习模式，在结构安排和内容选择上更加符合读者的认知习惯。本书共分为6个模块，分别介绍了计量站、接转站、原油处理站、污水处理站、注水站以及储油库的岗位职责、各场站的工艺流程、设备操作与运行管理等内容。

教材在经历前期多轮校内试教试用，反复打磨修订凝练而成，教材编写团队为长期从事一线教学工作的专业教师及企业人员，其中辛颖、王岩担任主编，赵怡、张晋（企业）担任副主编，李影、郝海彦、刘阿妮、高静为参编。具体分工如下：郝海彦编写模块一，李影、张晋编写模块二，刘阿妮编写模块三，赵怡编写模块四，王岩编写模块五，辛颖、高静编写模块六，辛颖、张晋负责统稿，武世新教授负责审稿。

由于编者经验不足，水平有限，书中如有错误和不妥之处，敬请批评指正。

编　者

目 录

模块一　计量站操作与管理　…………………………………………………… 1
　任务一　计量岗位操作与管理 …………………………………………………… 1
　　子任务一　计量岗位职责与要求认知 …………………………………………… 2
　　子任务二　计量站工艺流程图绘制 ……………………………………………… 5
　　子任务三　倒掺输热洗操作 ……………………………………………………… 9
　　子任务四　计量岗位油气计量操作 ……………………………………………… 16
　任务二　计量站设备运维岗位操作与管理 ……………………………………… 21
　　子任务一　设备运维岗位职责与要求认知 ……………………………………… 22
　　子任务二　计量站阀门操作 ……………………………………………………… 26
　　子任务三　计量分离器操作 ……………………………………………………… 30

模块二　接转站操作与管理 ……………………………………………………… 33
　任务一　收发油岗位操作与管理 ………………………………………………… 33
　　子任务一　收发油岗位职责与要求认知 ………………………………………… 34
　　子任务二　收发油工艺流程图绘制 ……………………………………………… 36
　任务二　接转站设备运维岗位操作与管理 ……………………………………… 39
　　子任务一　设备运维岗位职责与要求认知 ……………………………………… 40
　　子任务二　离心泵的运行与维护 ………………………………………………… 42
　　子任务三　三相分离器的运行与维护 …………………………………………… 50
　　子任务四　加热炉的运行与维护 ………………………………………………… 54
　　子任务五　计量仪表的运行与维护 ……………………………………………… 59

模块三　原油处理站操作与管理 ………………………………………………… 70
　任务一　原油处理岗位操作与管理 ……………………………………………… 70
　　子任务一　原油处理岗位职责与要求认知 ……………………………………… 71
　　子任务二　原油脱水工艺流程图绘制 …………………………………………… 75
　　子任务三　原油稳定工艺流程图绘制 …………………………………………… 81
　任务二　原油处理设备运维岗位操作与管理 …………………………………… 86
　　子任务一　设备运维岗位职责与要求认知 ……………………………………… 87
　　子任务二　游离水脱除器的运行与维护 ………………………………………… 89

1

子任务三　压力沉降罐的运行与维护 ··· 93
　　　子任务四　电脱水器的运行与维护 ··· 96
　　　子任务五　稳定塔的运行与维护 ··· 100
　　　子任务六　分馏塔的运行与维护 ··· 103

模块四　污水处理站操作与管理 ··· 108
任务一　污水处理岗位操作与管理 ··· 108
　　　子任务一　污水处理岗位职责与要求认知 ··· 109
　　　子任务二　污水处理工艺流程图绘制 ·· 111
任务二　污水处理站设备运维岗位操作与管理 ·· 119
　　　子任务一　设备运维岗位职责与要求认知 ··· 120
　　　子任务二　除油罐的运行与维护 ··· 122
　　　子任务三　过滤罐的运行与维护 ··· 126
任务三　污水化验岗位操作与管理 ·· 131
　　　子任务一　污水化验岗位职责与要求认知 ··· 132
　　　子任务二　污水化验操作 ·· 135

模块五　注水站操作与管理 ·· 139
任务一　注水岗位操作与管理 ··· 139
　　　子任务一　注水岗位职责与要求认知 ·· 140
　　　子任务二　注水井的开关井操作 ··· 142
　　　子任务三　注水井的调整注水量操作 ·· 148
　　　子任务四　注水井的洗井操作 ··· 151
　　　子任务五　倒注水操作 ··· 154
任务二　注水井运维岗位操作与管理 ··· 158
　　　子任务一　注水井运维岗位职责与要求认知 ···································· 159
　　　子任务二　现场校验水表 ··· 161
　　　子任务三　校验封隔器 ··· 163

模块六　储油库操作与管理 ·· 168
任务一　装卸岗位操作与管理 ··· 168
　　　子任务一　装卸岗位职责与要求认知 ·· 169
　　　子任务二　铁路装卸油岗位操作与管理 ·· 171
　　　子任务三　公路装卸油岗位操作与管理 ·· 178
　　　子任务四　水路装卸油岗位操作与管理 ·· 183
任务二　计量检验岗位操作与管理 ··· 188
　　　子任务一　计量检验岗位职责与要求认知 ··· 189
　　　子任务二　静态计量操作 ··· 191

子任务三　原油含水化验操作…………………………………………… 196
参考文献………………………………………………………………………… 202
附表1　学生自评表…………………………………………………………… 203
附表2　学生互评表…………………………………………………………… 204
附表3　教师评价表…………………………………………………………… 205

模块一　计量站操作与管理

计量站是一种把数口油井生产的油气产品集中，并对各单井的产油气量分别进行计量的站点。本模块包括计量岗位操作与管理及计量站设备运维岗位操作与管理两个任务。在明确任务后，通过学习、理解相关岗位职责、工艺流程、设备结构原理、设备操作维护保养等内容，完成计量站相关工作。

任务一　计量岗位操作与管理

【任务描述】

计量岗位是通过油气产量计量油气田开发方案的基本要求。本任务由 4 个子任务组成。通过本任务的学习，学生可以完成油气计量、流程切换等基本工作，并进行相关故障的分析与处理。

> **小贴士**
> 油气计量的准确性关系到油田开发的持久性，在进行油气计量的过程中，一定要准确、细心，养成一丝不苟的习惯，提高质量和安全意识。

【任务目标】

（一）知识目标

1. 熟悉计量岗位的职责；
2. 熟悉计量岗位的安全要求；
3. 熟悉油田现场上计量站常用的工艺流程；
4. 认识计量站的主要设备、组件和管线；
5. 熟悉工艺流程图的常用图例；
6. 了解计量站内进行量油、测气所使用设备、工具的结构及原理；
7. 熟悉量油、测气时的流程，熟知该项工作的操作规程。

（二）能力目标

1. 能安全规范地进行计量作业；

2. 能绘制计量站集输工艺流程图；
3. 会识读油气集输工艺流程图；
4. 能够按操作规程独立完成量油、测气的所有操作步骤及计算。

（三）素质目标

1. 培养严谨、认真的职业精神；
2. 培养精益求精的大国工匠精神；
3. 树立安全生产的工作意识；
4. 具有及时发现问题、分析问题和解决问题的能力。

子任务一　计量岗位职责与要求认知

【任务描述】

油气计量是油井日常管理的主要工作，通过油气计量可以对油井生产的动态进行分析。只有掌握准确的资料才能有符合实际的分析，提出合理的油井工作制度，这对保证油井长期高产稳产起着十分重要的作用。每一位从业者均应该将对应岗位职责牢记于心，在日常量油、测气过程中践行岗位职责。

【工作准备】

计量岗位的职责如下：

（1）协助本部门领导认真执行国家计量法规、法令和标准，不断提高企业计量技术管理水平；学习、宣传、贯彻计量法和法定计量单位。

（2）熟悉业务，掌握所承担检定测试项目的技术理论知识、操作规程，经考核取证上岗。

（3）制订、修订各项计量制度。建立健全的计量器具技术档案，完善各类计量器具建账、立卡及有关技术资料收集，办理计量器具发放、转移、报废手续，提出计量器具遗失、损坏的处理意见，做到账、物、卡相符。

（4）做好计量器具的申购、更新、降级、报废等审查鉴定工作。

（5）编制计量器具配备计划、周期检定计划、抽检抽查计划，并付诸实施。

（6）建立送检计量器具的检定溯源关系，按时送检。

（7）正确操作，使用标准计量器具，做好维护保养，保证测试检定的可靠性。

（8）完善各种检定记录，认真填写检定测试报告及检定合格证书。

（9）保证计量检定的原始数据和有关技术资料的完整。

（10）对生产环节重点工序中使用的计量器具进行巡回检定、检查。

（11）做好当班安全记录，向接班人员交代清楚。

（12）学习与掌握安全知识和技能，熟练掌握本工种操作程序和安全操作规程。

（13）调整、改善和纠正计量工作中存在的不足，解决工作中计量方面的问题。

（14）积极参加各种安全活动，牢固树立"安全第一"思想和自我保护意识。

（15）有权拒绝违章指挥和强令冒险作业，对个人安全生产负责。

（16）完成本岗位其他技术业务工作和领导交给的任务。

【任务实施】

1. 任务实施要求

（1）明确岗位职责。

（2）明确岗位安全要求。

2. 任务实施

计量岗位职责任务工作单见表 1-1。

表 1-1 计量岗位职责任务工作单

（计量岗位职责）任务工作单					
姓名：			班级：		组号：
分组情况					
序号	学号		姓名	角色	职责
工作过程					
序号	工作内容			掌握情况	备注
1	熟记计量岗位的职责				
	出现问题			解决办法	

【评价反馈】

1. 学生自评

学生完成表 1-2 所示的学生自评表。

表 1-2 学生自评表

学到的知识/技能点	

续表

不理解的知识/技能点	
有待提升的岗位能力	

2. 学生互评

学生完成表1-3所示的学生互评表。

表1-3 学生互评表

任务名称	评价内容	完成情况			
		优	良	中	差
综合能力测评任务（组内互评）	任务是否按时完成				
	材料完成上交情况				
	完成质量				
	语言表达能力				
	小组成员合作情况				
	创新点				
专业能力测评任务（组间互评）					
小组评议及建议	他（她）做到了： 他（她）的不足： 给他（她）的建议：	组长签名 年　月　日			
老师评语及建议		评价等级 教师签名 年　月　日			

4

3. 教师评价

教师完成表 1-4 所示的教师评价表。

表 1-4　教师评价表

任务名称	评价内容	分值	得分
职业素养考核任务	穿戴规范、整洁	6 分	
	安全意识、责任意识、服从意识	6 分	
	积极参加教学活动，按时完成学生工作手册	10 分	
	团队合作、与人交流能力	6 分	
	劳动纪律	6 分	
	生产现场管理 6S 标准	6 分	
专业能力考核任务	专业知识查找及时、准确	12 分	
	操作符合规范	18 分	
	操作熟练、工作效率高	12 分	
	完成质量	18 分	
总分			
总评	自评（20%）+互评（20%）+师评（60%）	综合等级	教师签名

子任务二　计量站工艺流程图绘制

计量站作用工艺流程

【任务描述】

计量站工艺流程图是进行计量站工艺操作的基础，绘制该工艺流程图是采油工的一项重要工作内容。结合图 1-1，完成计量站工艺流程图的绘制，并能够正确说出相关图例的功能与应用场合。

【工作准备】

1. 选择合适的图纸幅面

在实际工作中根据工艺流程的多少和复杂程度选择相应的图纸幅面和标题栏。

2. 在图纸上布局各种设备在图中的位置

常用工艺流程图图例如表 1-5 所示。按计量站内设备的平面位置确定出它们在图纸上的大体位置，设备应尽量在图幅上均匀分布，使得画出的工艺流程图清晰、美观，应考虑尽量减少管线的交叉，在保证图纸清晰、美观的前提下应尽量反映出计量站的实际状况。

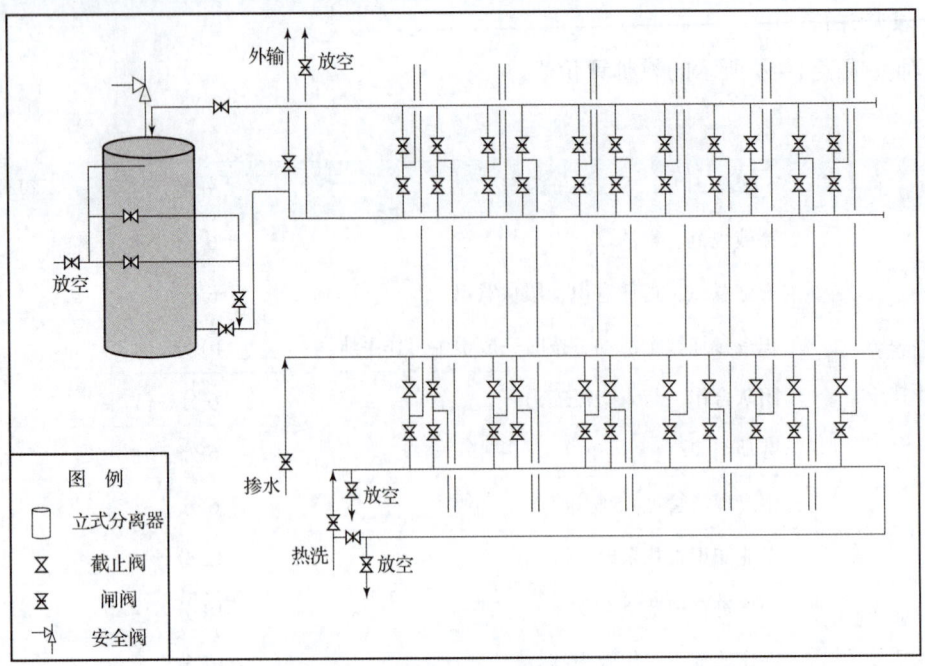

图 1-1　计量站工艺流程示意

表 1-5　常用工艺流程图图例

序号	名称	图例	序号	名称	图例
1	交叉管线		8	安全阀	
2	相交管线		9	旋塞阀	
3	闸阀		10	调节阀	
4	截止阀		11	过滤阀	
5	止回阀		12	流量计	
6	球阀		13	离心泵	
7	蝶阀		14	油罐	

3. 用实线画出图中的各种管线，并按图例画出各种设备

（1）主要管线用_____，次要或辅助管线用_____。

（2）管线发生交叉而实际并不连通时，一般采用_____、_____的原则。

（3）地上管线用_____表示，地下管线用_____表示。

（4）每条管线都要标明编号、管径及流向。

（5）工艺流程中管线图色标准。

油管线：_____色。天然气：_____色。清水管线：_____色。污水管线：_____色。注水管线：_____色。破乳剂、润滑油：_____色。热水管线：_____色。消防管线、排污管线：_____色。污油管线：_____色。

4. 画出管件图

在管线的适当位置画出管件图，如阀门、过滤缸、计量仪表等

5. 检查无误后用绘图笔抽吸碳素水进行描图

选择好绘图笔的粗细，要与设备管线的主次相符合。

6. 在管线上规范画出走向

用细绘图笔在管线上规范画出走向，在设备上填写名称、编号。

7. 填写标题栏内容

目前标题栏没有统一格式。标题栏内容一般包括工艺流程的名称、绘制时间、绘制比例、绘制人、图样数量、图幅大小等。通常还附有设备一览表，列出设备的编号、名称、规格及数量等。若图中全部采用规定画法，则可不用有图例。

8. 清理图样

用橡皮擦去底图中铅笔部分和图面上不清洁的地方，用毛刷刷净图面上的杂物。

【任务实施】

1. 任务实施要求

（1）必须穿戴好劳动保护用品。

（2）工具、量具、用具准备齐全，正确使用。

（3）操作规程符合安全文明操作。

（4）按规定完成操作任务，质量达到技术要求。

（5）操作完毕，做到工完、料净、场地清。

2. 任务实施步骤（见表1-6）

表1-6 计量站工艺流程图绘制任务工作单

（计量站工艺流程图绘制）任务工作单				
姓名：		班级：		组号：
分组情况				
序号	学号	姓名	角色	职责

续表

工作过程				
序号	工作内容	完成情况	备注	
1	设备准备		
2	材料准备		
3	工具准备		
4	根据计量站工艺流程图的大小和绘图比例选择图幅（A4）		
5	用铅笔画出工艺流程图的边框，以边框到图纸各边留15 mm 为准		
6	在图纸上边留出 25~100 mm 流程图名称的位置		
7	在图纸的下边根据需要留出 100 mm 左右的标题栏和管线及管件的标注栏		
8	先用铅笔大致按比例布局立卧式计量分离器、油井等各种设备在图中的位置，再按图例画出设备图样		
9	用实线画出管线走向，并与各设备连接成工艺流程图		
10	在管线的适当位置按图例画出管件图，如阀门、过滤缸、计量仪表等		
11	检查草图布局是否合理，是否符合工艺实际管线，交叉是否有错		
12	检查无误后用碳素绘图笔描图，注意选择绘图线条的粗细和设备管线的主次相符合		
13	用细绘图笔在管线上规范画出走向，在设备上填写名称，采用切割法对管线和管件进行排序编号		
14	依据管线编号在标注栏内填写管线编号、名称及规格、单位数量等，必要时填管径和标高		
15	在标题栏内填写相关内容		
16	收拾工具、清理场地		

续表

工作过程		
序号	工作内容	完成情况	备注
17	遵守国家或企业有关安全规定		

出现问题	解决办法

【评价反馈】

1. 学生自评

学生扫码完成学生自评表。

2. 学生互评

学生扫码完成学生互评表。

3. 教师评价

教师扫码完成教师评价表。

子任务三　倒挡输热洗操作

【任务描述】

计量站是石油天然气从地层采出后对其进行输送管理和调整的第一个机构,这些管理和调整主要是通过计量站内的集油阀组(管汇)来进行的。结合图1-2,熟记整个流程及阀门,最终能熟练完成掺水和热洗流程的操作。

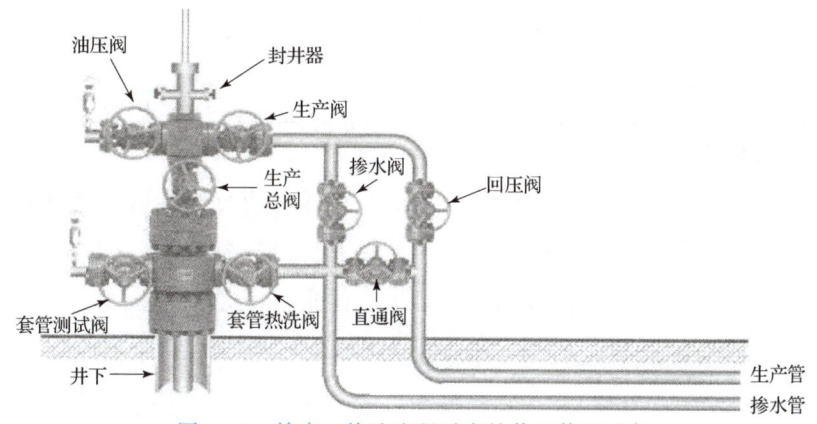

图1-2　掺水、热洗流程对应的井口装置示意

【工作准备】

1. 油井至计量站流程类型

集油阀组的结构和形式取决于油井到计量站的流程类型,目前现场常见的流程类型主要有单管冷输流程、两管掺输流程和三管伴随流程等。

1)单管冷输流程(见图1-3)

问题引导1:单管冷输流程是指什么?

_____
_____
_____
_____

问题引导2:单管冷输的适用条件有哪些?

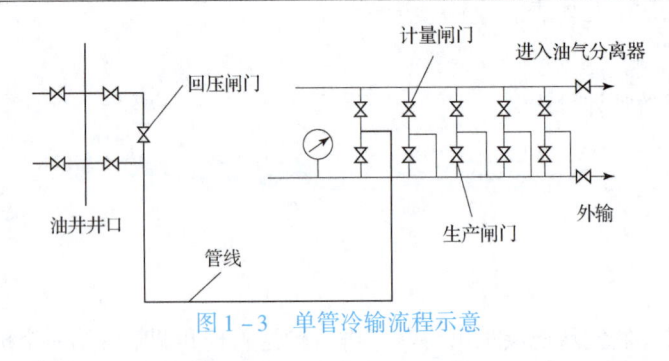

_____
_____
_____
_____

图1-3 单管冷输流程示意

问题引导3:单管冷输的特点是什么?

_____
_____
_____
_____

2)两管掺输流程

问题引导4:请结合图1-4分析,什么是两管掺输流程?其适用条件是什么?有何特点?

_____
_____
_____
_____

_____
_____

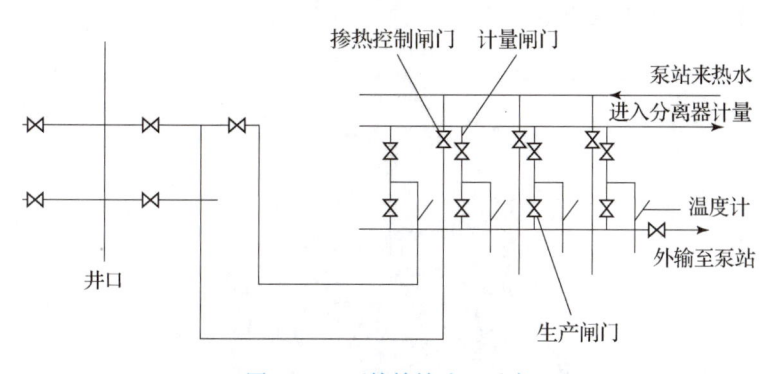

图 1-4　两管掺输流程示意

3）三管伴随流程

问题引导 5：请结合图 1-5 分析，什么是三管伴随流程？其适用条件是什么？有何特点？

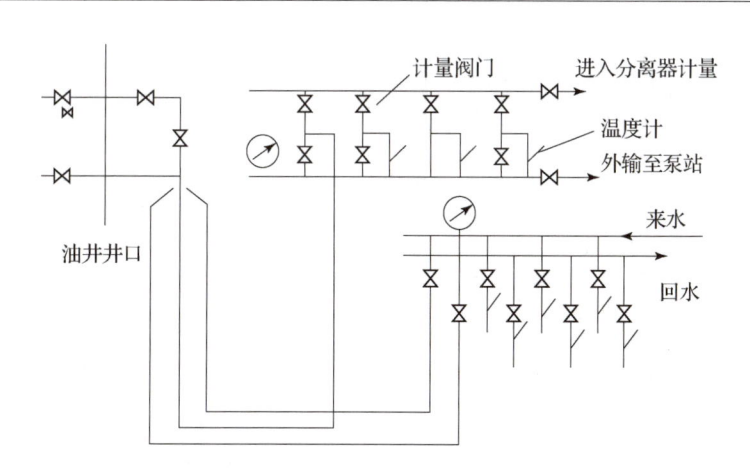

_____
_____
_____
_____
_____

图 1-5　三管伴随流程示意

2. 认识计量站掺输、热洗阀组

油田上最常见的掺输流程和与其对应的掺输阀组（管汇）主要有两种形式：单一掺输阀组和掺输热洗合一阀组。

1）单一掺输阀组

这一流程属两管掺输流程，有两条管线，一条是_____的管线，另一条是_____。单一掺输阀组实物图如图 1-6 所示，单一掺输阀组流程示意如图 1-7 所示。

（1）适用条件：_____。

图 1-6　单一掺输阀组实物图

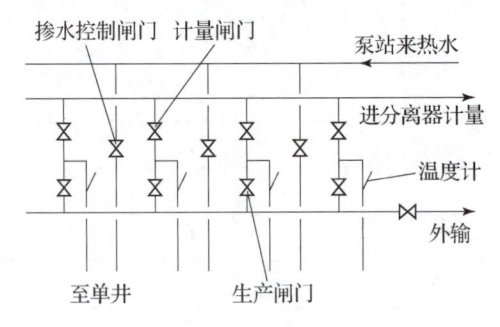

图 1-7　单一掺输阀组流程示意

（2）优缺点。

优点：
_____
_____
_____

缺点：
_____
_____
_____

2）掺输热洗合一阀组

这一流程是在单一掺输流程的基础上增加了对油井的_____功能，它利用了掺输水管线可以把洗井热水直接从泵站输送到油井的原理。掺输热洗合一阀组实物图如图 1-8 所示，掺输热洗合一阀组流程示意如图 1-9 所示。

图 1-8　掺输热洗合一阀组实物图

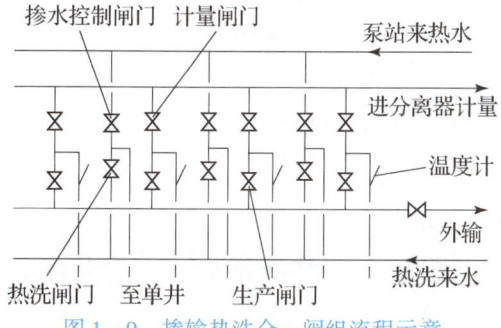

图 1-9　掺输热洗合一阀组流程示意

3. 认识掺水计量阀组

掺水计量阀组是对输往各单井的掺水进行＿＿＿＿＿＿＿的装置，目前多采用在计量管线上安装计量水表和压力表的方式，可用它对各单井掺水量分别进行计量和控制。掺水计量装置如图 1-10 所示，掺水计量阀组流程示意如图 1-11 所示。

图 1-10　掺水计量装置

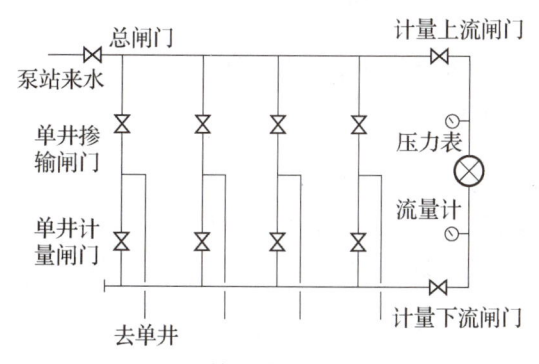

图 1-11　掺水计量阀组流程示意

13

4. 熟悉阀组对应的油井

由于单井到计量站所采用的流程不同,故与其对应的油井的井口装置是有所区别的,图 1-2 所示为掺水热洗流程对应的井口装置示意。通过井口流程阀门的开或关,可以使计量站来的热水进入出油管线进行掺输或通过套管闸门进入油套环空进行热洗。

【任务实施】

1. 任务实施要求

(1) 必须穿戴好劳动保护用品。
(2) 工具、量具、用具准备齐全,正确使用。
(3) 操作规程符合安全文明操作。
(4) 按规定完成操作任务,质量达到技术要求。
(5) 操作完毕,做到工完、料净、场地清。

2. 任务实施步骤(见表 1-7)

表 1-7 倒掺输热洗操作任务工作单

(倒掺输热洗操作)任务工作单			
姓名:	班级:		组号:
分组情况			
序号	学号	姓名	角色	职责

工作过程			
序号	工作内容	完成情况	备注
1	设备准备		
2	材料准备		
3	工具准备		
4	井口部分,除正常开启生产阀和回压阀外,要关闭套管热洗阀,开启掺水阀门		
5	先关闭单井热洗闸门,然后在开启来水总闸门的基础上开启单井掺输控制闸门,缓慢调整闸门开启程度的大小,使掺输水量为一合适的量		
6	井口流程同倒掺输计量流程		

续表

工作过程				
序号	工作内容		完成情况	备注
7	在正常掺输流程的基础上,开启计量上、下流闸门,关闭单井掺输闸门,开启单井计量闸门,记录流量计的读数,如需调整掺输水量,可通过闸门开启的大小来使水量为一合适的数值			
8	计量完毕,关闭单井计量闸门和计量上、下流闸门,开启单井掺输闸门转为正常掺输流程			
9	井口部分在正常掺输流程的基础上,关闭掺水阀门,打开套管热洗阀			
10	在正常掺输流程的基础上,关闭掺水控制闸门,打开热洗闸门,泵站来热水即通过掺输管线来到井口,通过套管闸门进入油套环孔开始洗井			
11	热洗结束后,先关计量站热洗闸门,再关井口套管热洗阀门,开井口掺水阀门,最后开计量站掺水控制闸门,转为正常掺输流程			
12	在标题栏内填写相关内容			
13	收拾工具、清理场地			
14	遵守国家或企业有关安全规定			
	出现问题		解决办法	

【评价反馈】

1. 学生自评

学生扫码完成学生自评表。

2. 学生互评

学生扫码完成学生互评表。

3. 教师评价

教师扫码完成教师评价表。

子任务四　计量岗位油气计量操作

【任务描述】

　　计量站是石油天然气从地层采出后对其进行输送管理和调整的第一个机构，这些管理和调整主要是通过计量站内的集油阀组（管汇）来进行的。测气是采油工作的最基本操作之一，也是油井所录取的重要参数。单井油气计量就是利用各计量站的计量分离器与测气仪表对油井的产气量进行计量。本任务需要在了解计量站内进行量油、测气所使用的设备、工具的结构及原理的基础上，能够按操作规程独立完成量油、测气的所有操作步骤及计算。

【工作准备】

　　1. 理解量油方法的原理

　　1）玻璃管量油

　　玻璃管量油是在侧壁装一高压玻璃管装置的油气分离器中进行的。玻璃管与分离器构成连通器。

　　分离器玻璃管量油根据_____的原理，分离器内液柱的压力应与玻璃管内_____相平衡。采用_____法，当分离器内进油后液面上升一定高度时，玻璃管内水柱也相应上升一定高度。由于油、水密度不同，上升高度不同。在计量时记录水柱上升高度所需时间，即可以计算出产油量。玻璃管量油的计算公式为

$$Q_\mathrm{d} = \frac{86\,400 h_\mathrm{w} \times \rho_\mathrm{w} \times \pi D^2}{4t} \tag{1-1}$$

式中：Q_d——计算出的油井的日产油量，t/d；

　　　h_w——玻璃管内水柱高度，m；

　　　ρ_w——水的密度，t/m³；

　　　D——分离器直径，m；

　　　t——量油时间，s。

　　2）玻璃管电极量油

　　玻璃管电极量油（见图 1-12）是在玻璃管量油基础上发展起来的，计算时也采用_____法，只是计量过程中的操作和记录全部由自动仪表来代替，这样不仅避免了烦琐的开关操作，而且可以防止产生人为误差，适应遥控技术的发展。

　　问题引导 1：玻璃管电极量油的原理是什么？

_____

_____

_____

_____。

16

玻璃管电极量油计算同玻璃管量油，只是计量时间由仪表自动记录。

3）翻斗自动量油

翻斗自动量油是在带有翻斗装置的油气分离器中进行的，结构如图1-13所示。

翻斗自动量油是利用_____原理。

问题引导2：翻斗量油的工作过程是什么？

_____

_____

_____

_____。

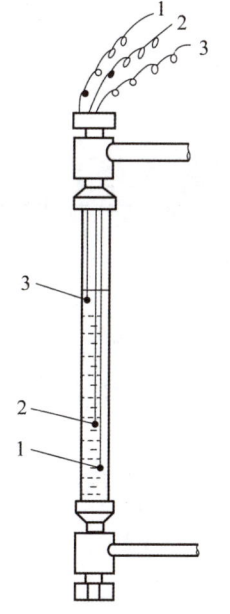

1—公用电极；2—下电极（进油灯）；
3—上电极（排油灯）。

图1-12 玻璃管电极量油装置示意

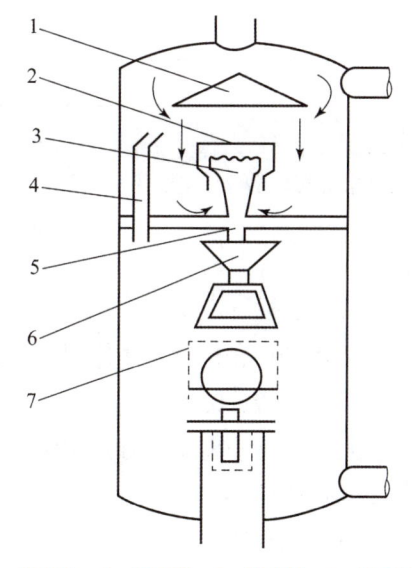

1—分离伞；2—隔离罩；3—缓冲器；4—连通管；
5—漏斗；6—翻斗；7—液面控制部分。

图1-13 翻斗自动量油装置示意

翻斗自动量油的计算公式为

$$Q_d = 1\,440 \times \frac{m \times n}{t} \times 10^{-3} \tag{1-2}$$

式中：Q_d——油井日产量，t/d；

t——量油时间，min；

n——量油时间内的累计翻斗次数；

m——每斗装油量，kg。

2. 理解测气方法的原理

目前矿场上大多采用_____测气和_____测气两类方法。放空测气是

_____；密闭测气

是_____。

　　问题引导3：这些测气方法的基本原理是什么？
_____
_____
_____。

　　对气量小、管线压力低的气体，可采用_____测气；对气量大、管线压力高的气体，应采用_____测气。

　　1）排液法测气

　　问题引导4：排液法测气的原理是什么？
_____
_____
_____。

　　排液法测气的计算公式为

$$Q_g = \frac{86\,400VA(p+0.1)}{t} \qquad (1-3)$$

式中：Q_g——产气量，m³/d；
　　　V——分离器中排出的液体体积，m³；
　　　A——温度系数，0.91；
　　　p——测气时的分离器压力，MPa；
　　　t——排液时间，s。

　　2）U形管压差计测气

　　U形管压差计测气是低压放空测气法的一种，它的装置由测气短节和U形管组成。

　　问题引导5：U形管压差计测气过程是什么？
_____
_____
_____。

　　3）波纹管压差计高压密闭测气

　　问题引导6：波纹管压差计高压密闭测气的原理是什么？
_____
_____
_____
_____。

4）LUX 系列旋进旋涡气体流量计测气

问题引导 7：LUX 系列旋进旋涡气体流量计测气的原理是什么？

_____
_____
_____ 。

【任务实施】

1. 任务实施要求

（1）必须穿戴好劳动保护用品。

（2）工具、量具、用具准备齐全，正确使用。

（3）操作规程符合安全文明操作。

（4）按规定完成操作任务，质量达到技术要求。

（5）操作完毕，做到工完、料净、场地清。

2. 任务实施步骤（见表 1-8、表 1-9）

表 1-8 玻璃管量油操作任务工作单

（玻璃管量油操作）任务工作单					
姓名：		班级：		组号：	
分组情况					
序号	学号		姓名	角色	职责
工作过程					
序号	工作内容			完成情况	备注
1	设备准备				
2	材料准备				
3	工具准备				
4	检查核实玻璃管量油高度，关闭掺水阀 15 min				
5	打开玻璃管上、下流阀，开测气平衡阀				
6	倒单井进分离器，关排油阀				
7	分三次量油并记录量油时间				
8	关测气平衡阀，将液面压至基线以下				
9	将单井倒出分离器				

续表

	工作过程		
序号	工作内容	完成情况	备注
10	先关玻璃管下流阀，后关上流阀		
11	根据公式计算产油量		
12	在标题栏内填写相关内容		
13	收拾工具、清理场地		
14	遵守国家或企业有关安全规定		
	出现问题	解决办法	

表1-9 测气操作任务工作单

(测气操作) 任务工作单			
姓名：	班级：		组号：
分组情况			
序号	学号	姓名	角色	职责
工作过程			
序号	工作内容	完成情况	备注
1	设备准备		
2	材料准备		
3	工具准备		
4	检查确认分离器、测气流程，检查双波纹管压差计		
5	检查核实玻璃管上、下标线，关闭掺水阀15 min，打开玻璃管上、下流阀		
6	开测气平衡阀，倒单井进分离器，关排油阀		
7	液面稳定在量油标高1/2~2/3处，开测气平衡阀及高低压阀		

续表

工作过程				
序号	工作内容	完成情况	备注
8	关测气平衡阀，每隔 10 s 录取 1 组测气数据，录取 10 组		
9	求压力平均值，录取分压		
10	确认录取数值，倒回原流程		
11	求出 10 组数据的平均值（压差、测气压值），对应测气换算表查出气量		
12	在标题栏内填写相关内容		
13	收拾工具、清理场地		
14	遵守国家或企业有关安全规定		
	出现问题		解决办法

【评价反馈】

1. 学生自评

学生扫码完成学生自评表。

2. 学生互评

学生扫码完成学生互评表。

3. 教师评价

教师扫码完成教师评价表。

任务二　计量站设备运维岗位操作与管理

【任务描述】

在计量站运行过程中，阀门切换、计量分离器投运均是常见操作。通过流程切换，完成油气产量的计量工作。本任务要求在熟悉阀门操作的基础上，会正确投运、停运计量分离器，在工作过程中能够相互配合、团结协作。

> **小贴士**
> 　　正确操作和维护保养计量站设备可以延长各种设备的使用寿命，是提高生产效率的前提，请养成一丝不苟的职业习惯，秉持敬业、精益、专注的大国工匠精神，强化规范意识，严格按照标准操作和维护站内设备。

【任务目标】

（一）知识目标：

1. 熟悉设备运维岗位的职责；
2. 熟悉设备运维岗位的安全要求；
3. 了解油田常用阀门的常识；
4. 了解计量站与配水间的常用阀门；
5. 掌握阀门的日常维护及更换阀门的基本方法；
6. 了解油田常用计量分离器；
7. 熟悉计量分离器的结构与原理。

（二）技能目标：

1. 能安全规范地进行设备运维；
2. 会日常维护阀门；
3. 能熟练地更换阀门；
4. 能熟练地进行分离器操作。

（三）素质目标：

1. 养成热爱劳动的习惯；
2. 具有关心、帮助他人的奉献精神；
3. 培养善于观察、思考问题的习惯；
4. 培养遵守纪律、服从管理的职业道德；
5. 提高安全生产、安全操作的意识。

子任务一　设备运维岗位职责与要求认知

【任务描述】

　　阀门和分离器是计量站内的主要设备，其中阀门使用量大，开闭频繁，易发生卡、堵、滴、漏等现象。分离器是分离计量系统的基础和核心，对地层流体的分离、计量也大多通过操控分离器来实现。为了防止计量站内这些设备发生不必要的事故，计量站设备运维人员应将对应岗位职责牢记于心，在日常作业过程中践行岗位职责。

【工作准备】

1. 阀门运维岗位的职责

1）阀门安装之前的要求

（1）外观检查，检查阀门有无破损、生锈、受潮等现象，阀杆是否需要润滑，且还需转动几下，看是否歪斜。

（2）检查并清除阀体内部杂物。

（3）检查阀上的铭牌标记及其说明书是否与设计要求相符。

（4）对于电动闸阀、截止阀等而言，阀门严密性试验应合格，并出具试验合格报告。

2）阀门在安装过程中的要求

（1）很多阀门具有方向性，一般情况下阀体上标有方向，如没有，则应根据阀门工作原理，准确识别安装方向。

（2）阀门安装位置必须方便操作，即使安装暂时困难，也要为操作人员的长期工作着想，最好阀门手轮与胸口取齐。对于靠墙设备阀门，也要留出操作人员站立余地，以保证设备和人身安全。

（3）阀门起吊时，绳子不要系在手轮或阀杆上，以免损坏这些部件，应该系在法兰上。

（4）对于阀门所连接的管路，一定要清扫干净，可用压缩空气吹去氧化铁屑、泥沙、焊渣等。

（5）安装阀门法兰时，要注意对称均匀地紧固螺栓，阀门法兰与管子法兰必须平行且间隙合理，以免阀门产生过大压力，甚至开裂。对于脆性材料和强度不高的阀门，尤其要注意。

（6）需与管子焊接的阀门，应先点焊，再将关闭件全开，然后焊死，防止因焊接发热而膨胀。

（7）在使用手轮机构后，应恢复到原来的空挡位置。

（8）在调节阀安装中，调节阀在发生故障或维修的情况下，为了使生产过程能继续进行，调节阀应加旁通管路。

3）在生产过程中的要求

（1）必须正确使用阀门。

（2）经常进行维护和定期检修。

（3）能随时排除故障。

2. 计量分离器运维岗位的职责

1）启运前的准备工作

（1）检查液面调节机构。

（2）检查压力表、温度计和安全阀是否完好。

（3）检查安全阀定压是否为 0.4 MPa，关闭排污阀和放空阀。

(4) 打开热水循环伴热阀门。

(5) 打开气出口阀，控制分离器压力在 0.1~0.2 MPa 之间。

(6) 观察分离器和密封部位有无渗漏现象。

2) 启运操作

(1) 关闭出油阀。

(2) 缓慢打开进油阀。

(3) 观察液位和压力变化情况。

(4) 检查液位计与各阀门。

(5) 打开出油阀。

(6) 检查来油温度是否正常，要高于凝固点 5~8 ℃。

(7) 运行平稳后，逐渐增加进油量。

(8) 做好运行记录。

3) 停运操作

(1) 检查各部件。

(2) 关闭天然气阀门。

(3) 用手抬平衡杠，保证用天然气把液面压至最低。

(4) 观察压力并控制在正常范围内。

(5) 打开放空阀。

(6) 做好停运分离器的各项记录。

4) 维护保养

(1) 安全阀必须每年校验一次。

(2) 液面调节机构要定期检查和校正，保证平衡杠的波动和液面波动相符。

(3) 液面高度应控制在 1/3~2/3 之间。

(4) 压力控制要在规定范围内。

(5) 冬季生产要注意来油温度、液位计、加热系统循环、安全阀、压力表的工作情况。

(6) 每 2 h 活动出油阀一次。

(7) 定期校验或更换压力表。

(8) 定期向液位计盐水包中加入盐水。

(9) 自觉遵守安全生产规章制度和劳动纪律，不违章作业，并随时制止他人违章作业。

(10) 遵守有关设备维修保养制度的规定。

(11) 爱护和正确使用机器设备、工具，正确佩戴防护用品。

(12) 发现事故隐患和不安全因素要及时向班长或有关部门汇报。

(13) 发生工伤事故，要及时抢救伤员、保护现场，报告领导，并协助调查工作。

(14) 努力学习与掌握安全知识和技能，熟练掌握本工种操作程序和安全操作规程。

(15) 积极参加各种安全活动，牢固树立"安全第一"思想和自我保护意识。

(16) 有权拒绝违章指挥和强令冒险作业,对个人安全生产负责。

【任务实施】

1. 任务实施要求

(1) 明确岗位职责。

(2) 明确岗位安全要求。

2. 任务实施步骤(见表 1-10、表 1-11)

表 1-10　阀门运维岗位任务工作单

(阀门运维岗位) 任务工作单			
姓名:	班级:		组号:
分组情况			
序号	学号	姓名	角色	职责
工作过程			
序号	工作内容	掌握情况	备注
1	熟记在阀门安装之前的要求		
2	熟记在阀门安装过程中的要求		
3	熟记在阀门生产过程中的要求		
出现问题		解决办法	

表 1-11　计量分离器运维岗位任务工作单

(计量分离器运维岗位) 任务工作单			
姓名:	班级:		组号:
分组情况			
序号	学号	姓名	角色	职责

续表

工作过程				
序号	工作内容		掌握情况	备注
1	熟记启运前的准备工作			
2	熟记启运操作的准备工作			
3	熟记停运操作的准备工作			
	出现问题		解决办法	

【评价反馈】

1. 学生自评

学生扫码完成学生自评表。

2. 学生互评

学生扫码完成学生互评表。

3. 教师评价

教师扫码完成教师评价表。

子任务二　计量站阀门操作

【任务描述】

阀门是管路中流体的控制装置，通常通过改变其内部通道截面积来控制管路内介质的流动。其基本功能是接通或切断管路内介质的流通，改变介质的流向，调节介质的压力和流量，分离、混合或分配介质，保护设备及管路的正常运行。本任务需要在了解油田常用阀门常识、掌握阀门日常维护及更换阀门基本方法的基础上，会日常维护阀门，并能熟练地更换阀门。

【工作准备】

阀门是计量站、配水间最常见的设备，站内流体流动的流向、流量、压力等都是通过阀门的开关来控制的，计量站中常用的阀门主要有以下几种，如图 1-14 所示。要掌握以下各种阀门的特点及工作原理。

（a） （b） （c）

图 1-14 常用阀门

（a）_____阀；（b）_____阀；（c）_____阀

1. 闸阀

闸阀是一种最常用的截断阀，用来接通或截断管路中的介质，不适合调节介质流量。闸阀结构主要由阀体、阀盖、阀杆、闸板、密封填料以及驱动装置组成。

问题引导1：闸阀的特点有哪些？

_____

_____。

2. 截止阀

截止阀也是一种常用的截断阀。截止阀的启闭件（阀瓣）沿阀座中心线上下移动。截止阀主要用于水和蒸汽管道上，在原油管道上使用较少。

问题引导2：截止阀的特点有哪些？

_____

_____。

3. 球阀

球阀是在旋塞阀的基础上发展起来的阀门。它的启闭件是一个围绕着阀体的垂直中心线做回转运动的球体。

问题引导3：球阀的特点有哪些？

_____

_____。

4. 止回阀

止回阀又称逆止阀或单流阀，它的作用是_____。

止回阀属于自动阀类，其启闭动作是由_____来驱动的。止回阀的种类主要有升降式止回阀、旋启式止回阀、蝶式止回阀和底阀。

1）升降式止回阀

升降式止回阀是一种截止型止回阀，它的结构与截止阀有很多相似之处，其中阀体与截止阀阀体完全一样，可以通用。阀瓣形式也与截止阀阀瓣相同，阀瓣上部和阀盖下部都加工出导向套筒，阀瓣导向筒可在阀盖导向套筒内自由升降。

问题引导4：升降式止回阀的工作原理是什么？

_____
_____
_____。

2）旋启式止回阀

旋启式止回阀的阀瓣呈圆盘状，绕阀座通道外的转轴做旋转运动。旋启式止回阀由阀体、阀盖、摇杆、阀瓣和密封圈组成。

问题引导5：旋启式止回阀的工作原理是什么？

_____
_____
_____
_____。

【任务实施】

1. 任务实施要求

（1）必须穿戴好劳动保护用品。

（2）工具、量具、用具准备齐全，正确使用。

（3）操作规程符合安全文明操作。

（4）按规定完成操作任务，质量达到技术要求。

（5）操作完毕，做到工完、料净、场地清。

2. 任务实施步骤（见表1-12）

表1-12 阀门操作任务工作单

（阀门操作）任务工作单			
姓名：	班级：		组号：
分组情况			
序号	学号	姓名	角色	职责

续表

工作过程				
序号	工作内容		完成情况	备注
1	设备准备			
2	材料准备			
3	工具准备			
4	人体位于阀门手轮侧面，随阀门位置高低不同，身体适当弯曲，取便于操作的姿势			
5	头部在阀门侧上方 30 cm 左右，目视阀门手轮及丝杠，双手握住手轮。			
6	左手握阀门手轮上部，右手握手轮下部，然后双臂用力按逆时针方向旋转手轮，并随时倒换手握位置再转，直到阀门开启完毕			
7	阀门打开后，将手轮回旋半圈			
8	按开阀门姿势站好			
9	右手在上，左手在下，握住阀门手轮，双臂按顺时针方向旋转手轮直到旋不动为止			
10	在标题栏内填写相关内容			
11	收拾工具、清理场地			
12	遵守国家或企业有关安全规定			
	出现问题		解决办法	

【评价反馈】

1. 学生自评

学生扫码完成学生自评表。

2. 学生互评

学生扫码完成学生互评表。

3. 教师评价

教师扫码完成教师评价表。

子任务三　计量分离器操作

【任务描述】

　　油井产物输送到计量站时是由石油、天然气和水组成的混合物，在计量站进行的量油测气操作是对各单井的产液和产气量进行计量，所以在进行计量前要对气液进行分离，这一过程是在计量站内的与集油管汇连接的油气分离器中进行的。

　　现场使用的油气分离器是一种低压容器设备，在各种类型的车厢式计量站中，常用的主要有两种类型——立式（切向）计量分离器和立卧结合（复合）式分离器。通过本次任务的学习，能熟练地对计量分离器进行操作。

【工作准备】

1. 掌握立式计量分离器工作原理

　　立式计量分离器结构示意如图 1-15 所示。它主要由壳体、进出口连接管线、计量玻璃管、散油帽、除雾器和底水包等部分组成。

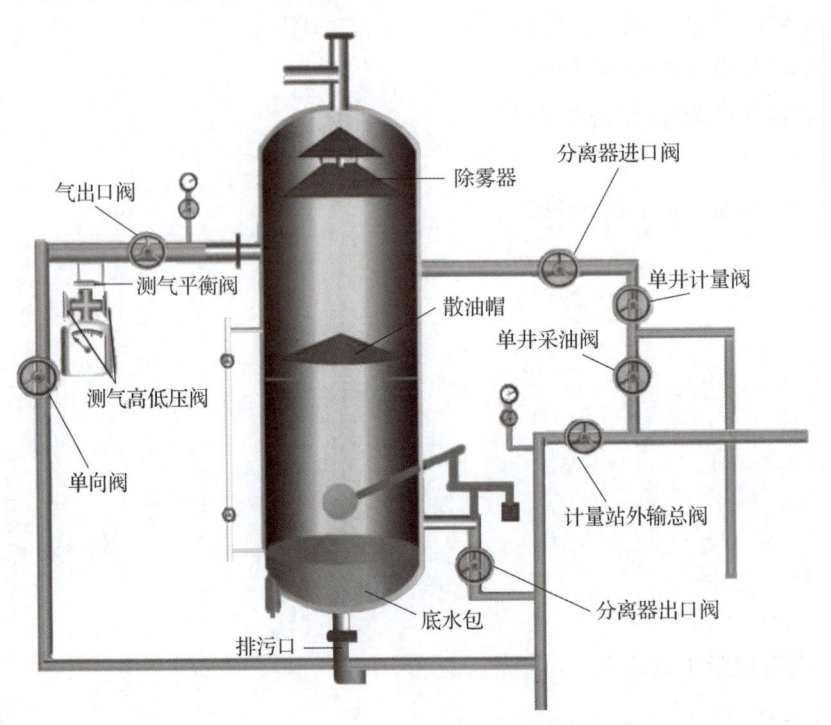

图 1-15　立式（切向）计量分离器结构示意

问题引导 1：油气的分离原理有哪些？

_____

_____

_____

2. 掌握双容积计量分离器工作原理

双容积计量分离器主要由计量室、储油室、量油弯头、上电磁阀、下电磁阀、安全阀、过油阀、放空阀、上电极、下电极和出油弯管组成。

问题引导2：双容积计量分离器的工作原理是什么？

【任务实施】

1. 任务实施要求

（1）必须穿戴好劳动保护用品。

（2）工具、量具、用具准备齐全，正确使用。

（3）操作规程符合安全文明操作。

（4）按规定完成操作任务，质量达到技术要求。

（5）操作完毕，做到工完、料净、场地清。

2. 任务实施步骤（见表1-13）

表1-13　计量分离器操作任务工作单

（计量分离器操作）任务工作单			
姓名：	班级：		组号：
分组情况			
序号	学号	姓名	角色	职责
工作过程			
序号	工作内容	完成情况	备注
1	设备准备		
2	材料准备		
3	工具准备		

31

续表

工作过程			
序号	工作内容	完成情况	备注
4	开双容积进口阀门和上下室连通阀		
5	开单量换热器进出口阀门及热水循环阀		
6	开单井计量阀		
7	观察压力表变化，当压力达到 0.2 MPa 时，打开双容积分离器排气阀		
8	当下室液位达到排液要求时，开启三通阀使下室排液，齿轮泵启动，完成一次排油		
9	停泵状态下，关闭排液三通阀		
10	关单井计量阀		
11	关双容积分离器进、出口阀，关齿轮泵进、出口阀		
12	关单量换热器进、出口阀，热水循环阀		
13	在标题栏内填写相关内容		
14	收拾工具、清理场地		
15	遵守国家或企业有关安全规定		
	出现问题		解决办法

【评价反馈】

1. 学生自评

学生扫码完成学生自评表。

2. 学生互评

学生扫码完成学生互评表。

3. 教师评价

教师扫码完成教师评价表。

模块二　接转站操作与管理

接转站主要是让来自计量站的油井产液进入三相分离器，对油、气、水进行分离，分离出含水油经外输泵加压后，经流量计计量后外输到联合站；沉降水进入加热炉加热，经掺水泵（热洗泵）加压，计量后输送回计量站，再掺到井口完成掺水（热洗）任务；分离出的天然气进入天然气除油器脱除天然气携带的油，然后一部分计量后外输到天然气处理厂，一部分计量后用于转油站自用。本模块包括收发油岗位操作与管理和接转站设备运维岗位操作与管理两个任务。在明确任务后，通过学习、理解相关岗位职责、工艺流程、设备结构原理、设备操作维护保养等内容，完成接转站相关工作。

任务一　收发油岗位操作与管理

【任务描述】

接转站汇集多个计量站产液，在站内完成油气分离，并进行单相输送。本任务需要熟悉接转站收发油职责，会进行油气收发操作。在任务实施过程中能够主动查阅相关资料并相互配合，培养团队协作精神。

> **小贴士**
>
> 大国工匠要有高超的技艺和精湛的技能，还要有严谨、细致、专注、负责的工作态度。接转站收发油岗位日常工作看似简单，其实需要长期实践和积累，才能熟练掌握相应操作技能。

【任务目标】

（一）知识目标

1. 熟悉收发油岗位的职责；
2. 熟悉收发油岗位的安全要求；
3. 熟悉油田现场接转站常用收发油工艺流程；
4. 认识接转站的主要设备、组件和管线；
5. 熟悉工艺流程图的常用图例。

（二）技能目标

1. 能安全规范地进行收发油作业；
2. 会识读接转站收发油工艺流程图；
3. 能正确绘制接转站收发油工艺流程图。

（三）素质目标

1. 培养系统思维，能够处理整体与局部的关系；
2. 具备精益求精的大国工匠精神；
3. 能够认识工作任务内容，具有及时发现问题、分析问题和解决问题的能力；
4. 培养善于计划、勤于总结的工作习惯；
5. 提高安全生产、安全操作的意识。

子任务一　收发油岗位职责与要求认知

【任务描述】

收发油岗位是保障油气安全、高效收发的重要岗位之一，主要负责油气站库日常收油、发油、巡检、设备维护等相关工作，每一位从业者均应该对岗位职责牢记于心，在日常收发油作业过程中践行岗位职责。

【工作准备】

1. 收发油班长的职责

（1）认真贯彻执行油气站库的安全管理制度及操作规程，带领班组人员严格遵守劳动纪律。

（2）熟悉收发油设备的性能、操作方法、工艺流程，掌握石油商品基础知识。

（3）负责组织班组人员做好收发油作业的防火、防爆、防静电、防混、防跑油、防自然灾害和防人身伤亡等工作。

（4）负责安排好收发油人员，保证分工明确、秩序井然。

（5）收发油作业前，检查设施完好情况；作业过程中应经常巡视检查，发现问题及时处理；收发油作业后，应全面检查，复位设备。

（6）组织班组人员做好设备的维护、保养工作。

2. 收发油操作工的职责

（1）认真执行各项规章制度，懂得本岗位火灾危险性，熟悉油品性能，掌握灭火技能和处理险情程序。

（2）熟练掌握本工种操作程序和安全操作规程，收发油品时，对油品的数量、品种进行认真核对，防止溢油和混油事故的发生。

(3) 爱护和正确使用机器设备、工具，正确佩戴防护用品。

(4) 严格执行收发油操作规程，遇有危险情况立即停止作业，并迅速采取果断措施。

(5) 发现事故隐患和不安全因素要及时向班长或有关部门汇报。

(6) 发生工伤事故，要及时抢救伤员、保护现场，报告领导，并协助调查。

(7) 负责收油设备和发油设备的维护检查。

(8) 积极参加各种安全活动，牢固树立"安全第一"思想和自我保护意识。

(9) 有权拒绝违章指挥和强令冒险作业，对个人安全生产负责。

(10) 做好当班安全记录，向接班人员交代清楚。

【任务实施】

1. 任务实施要求

(1) 明确岗位职责。

(2) 明确岗位安全要求。

2. 任务实施步骤（见表 2-1）

表 2-1 收发油岗位职责与要求任务工作单

\multicolumn{5}{c}{（收发油岗位职责与要求）任务工作单}
\multicolumn{2}{c}{姓名：}	班级：	\multicolumn{2}{c}{组号：}
\multicolumn{5}{c}{分组情况}
序号	学号	姓名	角色	职责
\multicolumn{5}{c}{工作过程}
序号	\multicolumn{2}{c}{工作内容}	掌握情况	备注
1	\multicolumn{2}{l}{熟记收发油班长的职责}		
2	\multicolumn{2}{l}{熟记收发油操作工的职责}		
\multicolumn{3}{c}{出现问题}	\multicolumn{2}{c}{解决办法}

【评价反馈】

1. 学生自评

学生扫码完成学生自评表。

2. 学生互评

学生扫码完成学生互评表。

3. 教师评价

教师扫码完成教师评价表。

子任务二　收发油工艺流程图绘制

【任务描述】

能够识读接转站收发油工艺流程图是进行收发油操作的基础，绘制该工艺流程图是集输工的一项重要工作内容。结合图 2-1，完成接转站收发油工艺流程图的绘制，并能够正确说出相关图例的功能与应用场合。

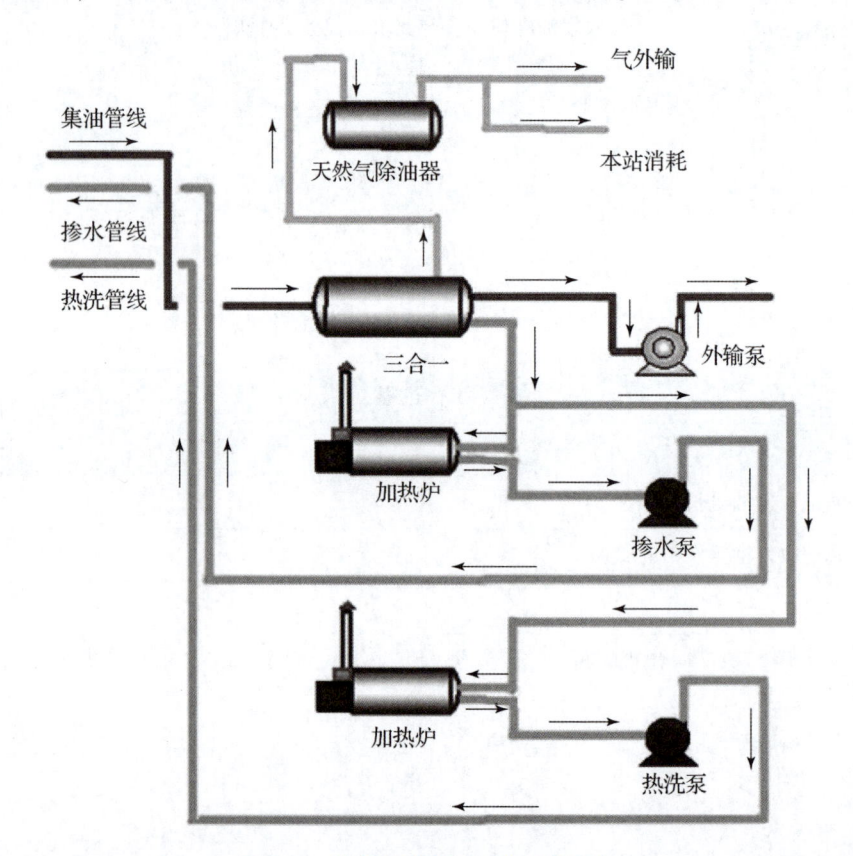

图 2-1　接转站收发油工艺流程示意

【工作准备】

1. 选择合适的图纸幅面

在实际工作中根据工艺流程的复杂程度选择相应的图纸幅面和标题栏。

2. 在图纸上布局各种设备在图中的位置

常用工艺流程图图例如表1-5所示。

问题引导：布图的原则有哪些？

_____

_____

_____

_____。

【任务实施】

1. 任务实施要求

（1）必须穿戴好劳动保护用品。

（2）工具、量具、用具准备齐全，正确使用。

（3）操作规程符合安全文明操作。

（4）按规定完成操作任务，质量达到技术要求。

（5）操作完毕，做到工完、料净、场地清。

2. 任务实施步骤（见表2-2）

表2-2　收发油工艺流程图绘制任务工作单

（收发油工艺流程图绘制）任务工作单			
姓名：	班级：		组号：
分组情况			
序号	学号	姓名	角色	职责
工作过程			
序号	工作内容	完成情况	备注
1	设备准备		
2	材料准备		
3	工具准备		

续表

| \multicolumn{5}{c}{工作过程} |
序号	工作内容	完成情况	备注
4	根据接转站工艺流程图的大小和绘图比例选择图幅（A4）		
5	用铅笔画出工艺流程图的边框，以边框到图纸各边留_____mm为准		
6	在图纸上边留出_____mm的流程图名称位置		
7	在图纸的下边根据需要留出100 mm左右的标题栏和管线及管件的标注栏		
8	用铅笔大致按比例布局各种设备在图中的位置，再按图例画出设备图样		
9	_____线画出管线走向，并与各设备连接成工艺流程图		
10	查草图布局是否合理，是否符合工艺实际管线，交叉是否有错		
11	检查无误后用碳素绘图笔描图，注意选择绘图线条的粗细和设备管线的主次相符合		
12	用细绘图笔在管线上规范画出走向，在设备上填写名称，采用切割法对管线和管件进行排序编号		
13	依据管线编号在标注栏内填写管线编号、名称及规格、单位数量等，必要时填管径和标高		
14	在标题栏内填写相关内容		
15	收拾工具、清理场地		
16	遵守国家或企业有关安全规定		
\multicolumn{2}{c}{出现问题}	\multicolumn{2}{c}{解决办法}

【评价反馈】

1. 学生自评

学生扫码完成学生自评表。

2. 学生互评

学生扫码完成学生互评表。

3. 教师评价

教师扫码完成教师评价表。

任务二　接转站设备运维岗位操作与管理

【任务描述】

接转站所需设备较多，各设备需按操作要求正确进行操作，才能顺利完成油气接转操作。本任务要求熟练掌握设备运维岗位职责与安全要求，能够在生产过程中确保安全、准确接转。做到对站内设备的"三懂四会"，在顺利完成工作的基础上，进行团结协作。

> **小贴士**
>
> 秉持创新思维，以及质量强国、低碳和绿色发展的观念，操作维护和使用设备。同时要具备发现问题、分析问题和解决问题的能力，处理接转站设备常见的故障。

【任务目标】

（一）知识目标：

1. 熟悉设备运维岗位的职责；
2. 熟悉设备运维岗位的安全要求；
3. 掌握离心泵的结构和原理；
4. 掌握离心泵的管理方法；
5. 熟悉三相分离器的结构及工作原理；
6. 熟悉浮漂连杆机构的动作原理；
7. 了解加热炉的传导方式；
8. 熟悉加热炉的类型；

9. 掌握加热炉的结构和工作原理；

10. 熟悉油、气水、计量仪表的结构原理；

11. 熟悉各种仪表的安装要求及标定要求。

（二）技能目标：

1. 能安全规范地进行相关设备的运行和维护作业；

2. 能启动、停运、倒运离心泵；

3. 能进行离心泵的保养；

4. 会对三相分离器的液位进行调节；

5. 熟悉压力容器的操作规程；

6. 能对分离器进行日常保养；

7. 会做点炉前的准备工作；

8. 会对加热炉进行点火操作；

9. 会调整火焰控制温度；

10. 会进行停炉操作；

11. 熟练掌握各种仪表的安装要求。

（三）素质目标：

1. 树立高质量发展的观念，提升质量强国的意识；

2. 树立绿色发展的观念，提升节约、保护的意识；

3. 树立技术报国的情怀；

4. 培养脚踏实地、艰苦奋斗的职业精神。

子任务一　设备运维岗位职责与要求认知

转油站资料录取

【任务描述】

设备运维岗位是保障接转站安全平稳运行的重要岗位之一，主要负责接转站常用设备的启停、巡查、维护等相关工作，每一位从业者均应该对岗位职责牢记于心，在日常作业过程中践行岗位职责。

【工作准备】

1. 设备运维班长的职责

（1）负责运维全面工作，组织落实工作计划，夯实基础管理，圆满完成各项生产、安全、经济和技术指标。

（2）负责落实安全生产责任制，认真执行油气站库的安全管理制度及操作规程，定期组织对设备进行安全检查，制定和落实防范事故措施，带领班组人员严格遵守劳动纪律。

（3）熟悉相关设备的性能、操作方法及工艺流程。

（4）负责安排好设备运维人员，保证分工明确、秩序井然，做好设备的维护、保养工作。

（5）作业前，检查设施完好情况；作业过程中应经常巡视检查，发现问题及时处理；作业后，应全面检查。

2. 设备运维员的职责

（1）认真执行各项规章制度，掌握全面的专业技术知识和熟练的操作技能。

（3）爱护和正确使用机器设备、工具，正确佩戴防护用品。

（4）严格执行相关操作规程，遇到危险情况立即停止作业，并迅速采取措施。

（5）严格按照运行所要求检查的内容，做好设备定期维护检查工作，定期更换各类易损部件。

（6）发现事故隐患和不安全因素要及时向班长或有关部门汇报。

（7）发生工伤事故，要及时抢救伤员、保护现场，报告领导，并协助调查。

（8）积极参加各种安全活动，牢固树立"安全第一"的思想和自我保护意识。

（9）有权拒绝违章指挥和强令冒险作业，对个人安全生产负责。

（10）做好当班安全记录，向接班人员交代清楚。

【任务实施】

1. 任务实施要求

（1）明确岗位职责。

（2）明确岗位安全要求。

2. 任务实施步骤（见表 2-3）

表 2-3　设备运维岗位职责与要求任务工作单

（设备运维岗位职责与要求）任务工作单				
姓名：		班级：		组号：
分组情况				
序号	学号	姓名	角色	职责

续表

工作过程				
序号	工作内容		掌握情况	备注
1	熟记设备运维班长的职责			
2	熟记设备运维员的职责			
出现问题				解决办法

【评价反馈】

1. 学生自评

学生扫码完成学生自评表。

2. 学生互评

学生扫码完成学生互评表。

3. 教师评价

教师扫码完成教师评价表。

子任务二　离心泵的运行与维护

【任务描述】

泵是一种水力机械，通过它可以把机械能或其他形式的能量转变为液体的位能、压能，从而使液体能沿管路进行输送。在油气储运过程中，离心泵是最常见的类型。启、停、倒运离心泵是收发油岗位的重要工作内容，需要安全、规范地完成离心泵的保养及启、停、倒运操作。

离心泵的结构与原理

离心泵的性能参数

【工作准备】

1. 单级离心泵的结构

单级离心泵主要由泵壳和密封在泵壳内的一个叶轮组成，其中叶轮是_____部件，泵壳是_____部件。

1）叶轮

离心泵中最重要的零件。

问题引导1：离心泵的叶轮有何作用？
_____
_____
_____。

问题引导2：请对比分析闭式叶轮、开式叶轮和半开式叶轮。
_____
_____
_____
_____。

2）泵壳
问题引导3：离心泵的泵壳的作用是什么？
_____
_____
_____。

3）密封部分

为保证泵正常运转、效率高，防止泵内液体外流或外界空气进入泵体内，在叶轮与泵壳之间、轴与泵壳之间都装有密封装置。离心泵的密封部分包括_____之间的密封和_____之间的密封。

（1）叶轮与泵壳之间的密封。

转动着的叶轮和泵壳之间存在着间隙，从叶轮出口出来的液体就会通过这个间隙而返回叶轮的吸入室，产生漏失。因此，在泵壳和叶轮之间装上_____。它可以防止液体从叶轮排出口通过叶轮和泵壳之间的间隙漏回入口，以减少容积损失；还能承受叶轮与泵壳接缝处可能产生的机械磨损，磨损后只换密封环而不必更换叶轮和泵壳，以延长叶轮和泵壳的使用寿命，减少修理费用。密封的间隙保持在_____mm 之间为宜。

（2）泵轴与泵壳之间的密封。

转动着的泵轴和泵壳之间存在间隙，在低压时就可能使空气进入泵内，影响泵的工作，甚至使泵不上液；在高压时就有液体漏出，所以要有密封装置，在离心泵上常用的是_____密封和_____密封。

①填料密封。

密封填料盒位于泵壳与轴之间，由填料座、填料环和密封填料压盖组成。填料座和压盖在密封填料的两侧，是压紧密封填料用的。密封填料的松紧程度是由调节螺钉进行调节的，填料环在密封填料正中间，正好对准水封口，它可以通过液体起冷却和润滑泵轴的作用，更重要的是进行水封，它是封闭泵间隙最严密的一道防线，防止泵内液体沿轴漏出及外界空气进入泵内。

②端面密封。

端面密封由旋转环（动环）、固定密封环（静环）、压紧弹簧、O形密封圈四部分组成，密封的效果好，承磨能力强，可以达到不漏的效果，但造价高，制造复杂。端面密封是依靠固定在轴上的动环和固定在泵壳上的定环，两环平衡面紧密接触而达到密封的装置。

问题引导4：结合所学，对比分析机械密封与端面密封的特点。

_____
_____
_____
_____。

4）平衡部分

在离心泵运行过程中，由于液体是在低压下进入叶轮，而在高压下流出，使叶轮两侧所受压力不等，产生了_____，从而引起转子发生轴向窜动，产生磨损和振动，因此应平衡轴向力。多级离心泵的轴向力平衡方法有_____、_____、_____。

5）轴承部分

轴承部分主要用来支承泵轴并减少泵轴旋转时的摩擦阻力，在离心泵中通常采用滑动轴承和滚动轴承平衡径向负荷。

6）传动部分

离心泵与电动机中间的连接机构称为联轴器。它起着_____、_____的作用。

2. 离心泵的工作原理

问题引导5：离心泵的工原理是什么？

_____
_____
_____
_____。

3. 离心泵的特点

问题引导6：结合所学，分析离心泵的特点。

_____
_____
_____。

4. 离心泵的管理

1）对离心泵的生产管理做到交接班的"三一""四到""五报"

（1）"三一"的内容：_____。

(2)"四到"的内容：_____。

(3)"五报"的内容：_____。

2）设备操作做到"四过硬"

(1) _____。

(2) _____。

(3) _____。

(4) _____。

3）对离心泵及设备做到"四懂三会"

(1)"四懂"内容：_____。

(2)"三会"内容：_____。

4）设备润滑"五定"和"十字作业法"

(1)"五定"内容：_____。

(2)"十字作业法"内容：_____。

5）设备操作人员必须具备的"三熟"和"三能"

(1)"三熟"内容：_____。

(2)"三能"内容：_____。

【任务实施】

1. 任务实施要求

(1) 必须穿戴好劳动保护用品。

(2) 工具、量具、用具准备齐全，正确使用。

(3) 操作规程符合安全文明操作。

(4) 按规定完成操作任务，质量达到技术要求。

(5) 操作完毕，做到工完、料净、场地清。

2. 任务实施步骤（见表2–4、表2–5）

表2–4 离心泵的启停任务工作单

（离心泵的启停）任务工作单				
姓名：		班级：		组号：
分组情况				
序号	学号	姓名	角色	职责

续表

工作过程				
序号	工作内容		完成情况	备注
1	设备准备				
2	材料准备				
3	工具准备				
4	按标准对泵的各项要求进行检查				
5	对泵进行盘车、放气、倒工艺操作				
6	按操作规程启动泵，调节泵压、电流和密封填料漏失				
7	启泵后对工作参数进行全面检查				
8	按正确的停运规程进行操作				
9	放净泵内液体，盘车检查				
10	切断电源，挂停运牌				
11	收拾工具、清理场地				
12	遵守国家或企业有关安全规定				
出现问题			解决办法	

表2-5 离心泵的拆装任务工作单

（离心泵的拆装）任务工作单			
姓名：	班级：		组号：
分组情况			
序号	学号	姓名	角色	职责
工作过程			
序号	工作内容	完成情况		备注
1	设备准备			
2	材料准备			

续表

工作过程				
序号	工作内容		完成情况	备注
3	工具准备				
4	切断要拆泵的流程并进行泄压，对油泵事先要进行热水置换，拉下刀闸，拆下电动机接线盒内的电源线，并做好相序标记				
5	用梅花扳手拆下电动机的地脚螺栓，把电动机移开到能顺利拆泵为止，拆下泵托架的地脚螺栓及与泵体连接的螺钉，取下托架				
6	用梅花扳手或固定扳手拆卸泵盖螺钉。用撬杠均匀撬动泵壳与泵盖连接间隙，把泵的轴承体连带叶轮部分取出来				
7	把卸下的轴承体及连带叶轮部分移开放在平台上检修、保养，用拉力器拉下泵对轮，卸下背帽螺钉，拉下叶轮				
8	拆下轴承压盖螺钉及轴承体与泵端盖连接螺钉，拆下密封填料压盖螺钉，使密封填料压盖与填料函分开				
9	拆下轴承压盖及泵端盖，用铜棒及专用工具把泵轴（带轴承）与轴承体分开，取下泵轴上的轴套，用专用工具将泵轴上的前后轴承拆下				
10	检查各紧固螺钉、调整螺钉和螺栓的螺纹是否完好，螺母是否变形；检查对轮外圆是否有变形破损，对轮爪是否有撞痕				
11	检查轴承压盖垫片是否完好，压盖内孔是否磨损，压盖轴封槽密封毡是否完好，压盖回油槽是否畅通；检查叶轮背帽是否松动，弹簧垫圈是否起作用				
12	检查叶轮流道是否畅通，入口与口环接触处是否有磨损，叶轮与轴通过定位键配合是否松动，叶轮键口处有无裂痕，叶轮的平衡孔是否畅通				

续表

工作过程				
序号		工作内容	完成情况	备注
13		检查轴套有无严重磨损，在键的销口处是否有裂痕，轴向密封槽是否完好；检查填料函是否变形，上下、左右间隙是否一致，冷却环是否完好；检查轴承体内是否有铁屑，润滑油是否变质，轴承是否跑外圆		
14		检查轴承压盖是否对称，有无磨损，压入倒角是否合适，压盖调整螺栓是否松动，长短是否合适		
15		检查泵轴是否弯曲变形，与轴承接触处是否有过热、磨内圆痕迹，背帽处的螺纹是否脱扣		
16		检查各定位键是否方正合适，键槽内有无杂物；检查轴承是否跑内圆或外圆，沙架是否松旷，是否有缺油、过热变色现象；检查轴承间隙是否合格，轴承球粒是否有破损		
17		检查入口与口环接触处是否有汽蚀现象；检查密封填料是否按要求加入，与轴套接触面磨损是否严重		
18		按检查任务准备好合格的泵件，按拆卸顺序安装泵，用铜棒和专用工具把两轴承安装在泵轴上，用柴油清洗好轴承体内的机油润滑室及看窗		
19		把带轴承的泵轴安装在轴承体上，用卡钳、直尺和圆规及青克纸制作好轴承端盖密封垫，并涂上黄油，用刮刀刮净轴承密封端盖密封面的杂物，放好密封垫		
20		按方向要求上好轴承端盖，对称紧好固定螺钉，在泵轴叶轮的一端安上密封填料压盖、冷却环，上好轴套密封，装上轴套。把轴承体与泵盖连接好，对称均匀紧固好螺钉		
21		用键把叶轮固定在泵轴上，并用键与轴套连接好，安上弹簧垫片，用背帽把叶轮固定好，用铜棒和键把泵对轮固定在泵轴上		
22		按加密封填料的技术要求，向填料函内加好密封填料，上好密封填料压盖，用卡钳、直尺、划规、布剪子、青克纸制作好泵壳与泵盖端面密封垫，并涂上黄油		

续表

工作过程				
序号	工作内容		完成情况	备注
23	将在平台上组装好的泵运到安装现场			
24	装好密封垫后,将泵壳与检修后的泵体用固定螺钉均匀对称地紧固好,安上泵体托架,紧固好托架地脚螺栓及与泵体的连接螺钉			
25	在泵对轮上放好胶垫,移动电动机把泵电动机对轮找正,并紧固好电动机地脚螺栓,按标记接好电动机接线盒的电源线,合上刀闸,向泵体内加入看窗1/3~1/2的润滑油,清扫现场			
26	按启泵前的检查工作检查泵			
27	按启泵操作规程启运检修泵			
28	按泵的运行检查要求,检查二级保养后泵的运行情况			
29	收拾工具、清理场地			
30	遵守国家或企业有关安全规定			
出现问题			解决办法	

【评价反馈】

1. 学生自评

学生扫码完成学生自评表。

2. 学生互评

学生扫码完成学生互评表。

3. 教师评价

教师扫码完成教师评价表。

子任务三 三相分离器的运行与维护

【任务描述】

在油气集输的过程中，根据相平衡原理，利用油气分离机理，借助机械方法，把油井混合物分离为油、气、水三相的设备称为三相分离器。安全、规范地完成三相分离器的投运操作是收发油岗位的重要工作内容之一。

【工作准备】

1. 三相分离器的结构

三相分离器具有＿＿＿＿＿＿、＿＿＿＿＿＿、＿＿＿＿＿＿的功能。三相分离器能将油井产物分离为油、气、水三相，适合于含水量较高，特别是含有大量游离水的油井产物的处理。这种分离器在油田中高含水生产期的集输转油站、联合站内得到了广泛的应用。油气水三相分离器结构示意如图 2-2 所示。

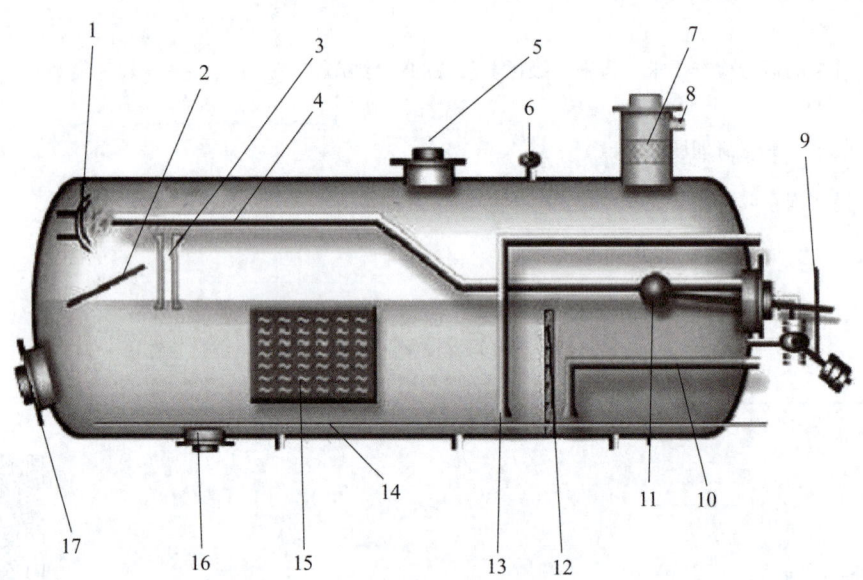

1—蝶形板；2—斜板；3—削泡器；4—进口；5、17—人孔；6—安全阀；7—除雾器；8—气出口；9—调节阀；10—去外输泵；11—浮球；12—堰板；13—出水口；14—采暖管；15—聚结器；16—清砂孔。

图 2-2　油气水三相分离器结构示意

1）主体容器

主体容器是分离器的最基本部件，它的承压能力决定了分离器的工作压力，其尺寸决定了＿＿＿＿＿＿。

2）分离部分

油井产物在分离器中的分离，一般都经过＿＿＿＿＿＿、＿＿＿＿＿＿和＿＿＿＿＿＿三个环节。

问题引导1：分离器三个分离部分各自的作用是什么？
_____
_____
_____。

3）液面控制机构

问题引导2：为什么三相分离器中要配有液位控制机构？
_____
_____
_____。

问题引导3：结合浮子连杆机构（见图2-3）说明液面控制机构的工作原理。
_____
_____
_____。

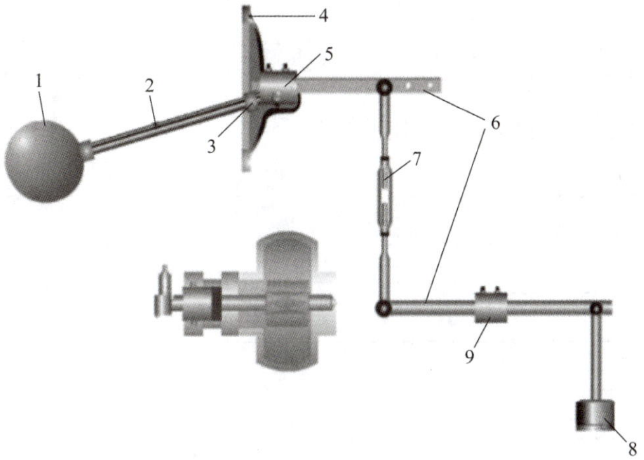

1—浮子；2—连杆；3—扭柄；4—分离器人孔盖；5—杠杆套；6—杠杆；7—螺丝；8—出油阀杆；9—重锤。
图2-3　浮子连杆机构带动液位控制阀装置示意

4）压力控制机构

分离器的工作压力，也是影响分离效果的重要因素。若压力控制不稳，则液面波动严重，分离效果_____。

问题引导4：结合压力调节阀（见图2-4）分析，保持压力稳定的方法是什么？
_____
_____
_____。

分离器在运行过程中，常因来液量的突然增加，分离器出口管线部分失调或其他附件损坏，造成超压运行。为防止分离器压力过高，引起分离器跑油、爆炸事故的发生，所以分离器要安装_____。安全阀是计量分离器使用的安全保证。当分离器的承受压力高于安全阀的弹簧压力时，安全阀被打开，排出分离器内的气体，同时发出叫声，提醒值班人员采取调整措施。常用的弹簧全启式安全阀的结构组成如图 2-5 所示。

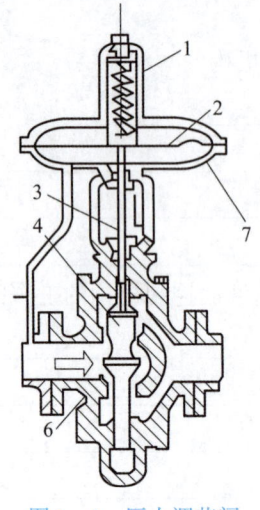

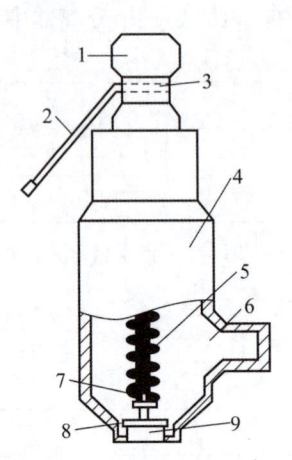

图 2-4　压力调节阀　　　　　图 2-5　弹簧全启式安全阀

2. 三相分离器的工作原理

问题引导 5：总结三相分离器的工作原理。

_____
_____
_____
_____
_____
_____。

【任务实施】

1. 任务实施要求

（1）必须穿戴好劳动保护用品。

（2）工具、量具、用具准备齐全，正确使用。

（3）操作规程符合安全文明操作。

（4）按规定完成操作任务，质量达到技术要求。

（5）操作完毕，做到工完、料净、场地清。

2. 任务实施步骤（见表 2-6）

表 2-6 三相分离器投产任务工作单

（三相分离器投产）任务工作单			
姓名：	班级：		组号：
分组情况			
序号	学号	姓名	角色	职责

（续表分组行）

工作过程			
序号	工作内容	完成情况	备注
1	设备准备		
2	材料准备		
3	工具准备		
4	检查各个部分安装是否正确		
5	检查分离器筒体及各附件是否完好		
6	检查各固定部位是否紧固		
7	检查内部各结构是否正常		
8	检查后将内部清扫干净		
9	封闭人孔、排污孔		
10	调好压力调节装置与调压阀、安全阀，进行试压		
11	试压合格后，打开分离器采暖盘管的进出口阀，待采暖管线送热正常后，先打开天然气出口阀，再打开分离器出油阀，检查活动出油阀是否灵活好用。一切都正常后，缓慢打开进油阀向分离器内进油。在分离器的整个投产过程中，要认真观察分离器进油、出油、出气等各种情况，发现问题及时处理		
12	收拾工具、清理场地		
13	遵守国家或企业有关安全规定		
出现问题		解决办法	

【评价反馈】

1. 学生自评

学生扫码完成学生自评表。

2. 学生互评

学生扫码完成学生互评表。

3. 教师评价

教师扫码完成教师评价表。

子任务四　加热炉的运行与维护

【任务描述】

加热炉是油田生产中的重要设备，也是危险性较大的设备。安全、规范地完成加热炉点火投运、巡查维护、停运操作是收发油岗位的重要工作内容之一。

加热炉结构与原理

【工作准备】

1. 加热炉的传热方式和传热过程

1) 传热方式

一个物体将热量传送给另一个物体的现象称为_____。传热的方式有_____、_____和_____三种。

问题引导1：对比分析三种不同传热方式。

_____

_____

_____。

2) 传热过程

传热过程可分为_____传热和_____传热两种。直接传热，即_____，直接传给炉内介质。间接传热是_____间接地把热量传给炉内介质。

2. 加热炉的分类

根据形式的不同，可将加热炉分为火筒式、管式、水套式、加热缓冲二合一式四种，下面介绍前三种。

1) 火筒式加热炉

火筒式加热炉的结构如图2-6所示。火筒式加热炉主要由壳体、火管、烟管、介质进口分配管、烟箱、烟囱、人孔、防爆门、鞍式支座等部分组成。

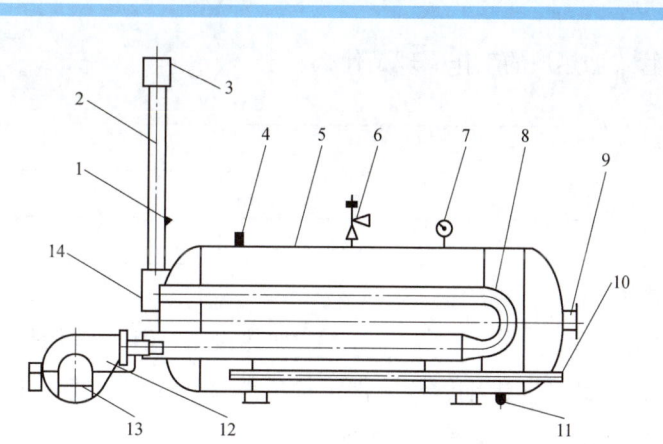

1—烟气取样口；2—烟囱；3—烟囱附件；4—介质出口；5—壳体；6—安全阀；7—压力表；8—火管；
9—检查孔；10—介质进口分配管；11—排污口；12—燃烧器；13—阻火器；14—防爆门。

图 2-6　火筒式加热炉的结构

问题引导2：火筒式加热炉的工作原理是什么？

_____

_____

_____。

2）管式加热炉

管式加热炉具有实现加热炉全自动运行功能的控制系统和安全附属设备，具有高效、快装和自动化程度高的特点。其主要由直接管式加热炉、吹灰供气系统、燃烧系统和仪表控制系统组成。管式加热炉为轻型快装卧管式结构，由辐射室、对流室、烟囱、烟囱挡板操纵机构、对流室梯子平台、转油线、燃烧器等组成，如图2-7所示。

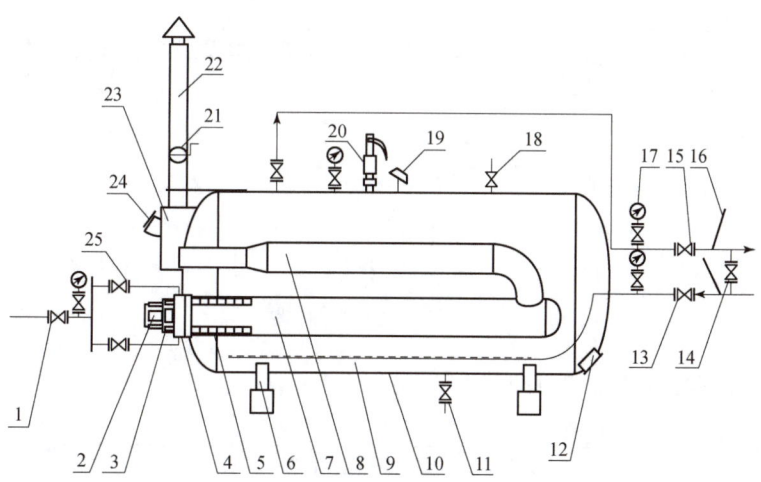

1—燃料总阀；2—二级合风；3—一级合风；4—燃烧器；5—耐火燃烧道；6—鞍式支座；7—火管；8—烟管；
9—进液分配管；10—壳体；11—排污阀；12—人孔；13—进液阀；14—连通阀；15—出液阀；16—温度计；
17—压力表；18—放空阀；19—温度变送器；20—安全阀；21—烟囱挡板；22—烟囱；23—烟箱；24—防爆门；25—燃料阀。

图 2-7　管式加热炉的结构

问题引导3：管式加热炉的工作原理是什么？

_____

_____

_____。

3）水套式加热炉

水套式加热炉是一种_____加热设备。其中被加热介质（原油、天然气、水等）在壳体内的盘管（由钢管和管件组焊成的传热元件）中，由中间载热体——水加热，而水则由火管直接加热，简称为水套加热炉。

水套式加热炉由_____和_____两部分构成，壳程承压较_____，管程承压_____。其基本结构是卧式内燃两回程的火管烟管结构形式，由火管、烟管、加热盘管、加热炉附件等组成。其中火管布置在壳体的下部空间，烟管布置在火筒的另一侧，火管与烟管形成U形布置；加热盘管布置在壳体的上部空间，如图2-8所示。

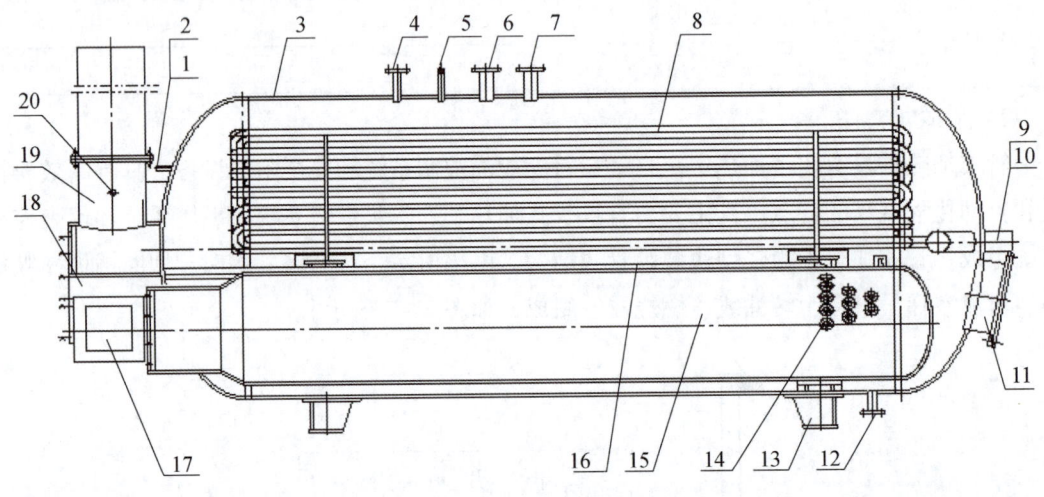

1—温度变送器安装口；2—液位开关安装口；3—壳体；4—加液口；5—压力表安装口；6—放空口；7—安全阀安装口；8—加热盘管；9—被加热介质进口；10—被加热介质出口；11—人孔；12—排污口；13—鞍座；14、16—烟管；15—火筒；17—燃烧器；18—烟箱；19—烟囱；20—烟囱温度计安装口。

图2-8 水套式加热炉

问题引导4：水套式加热炉的工作原理是什么？

_____

_____

_____

_____。

【任务实施】

1. 任务实施要求

(1) 必须穿戴好劳动保护用品。

(2) 工具、量具、用具准备齐全,正确使用。

(3) 操作规程符合安全文明操作。

(4) 按规定完成操作任务,质量达到技术要求。

(5) 操作完毕,做到工完、料净、场地清。

2. 任务实施步骤(见表 2-7)

表 2-7 加热炉点火投产任务工作单

(加热炉点火投产)任务工作单			
姓名:	班级:	组号:	
分组情况			
序号	学号	姓名	角色	职责
工作过程			
序号	工作内容	完成情况	备注
1	设备准备		
2	材料准备		
3	工具准备		
4	点火前必须详细检查管线、闸门和连接部分,不得有漏油、漏气现象;严格执行"三不点"规则(炉膛内有余气不点,闸门无控制不点,情况不清不点)		
5	点火前必须自然通风 15 min 以上,确认炉膛内无余气方可点火		
6	点火时必须使用点火枪,一定先点火,然后慢慢开大天然气闸门,严禁先开闸门后点火		
7	按相应规程要求通风		
8	用胶管把点火棒和供气管路连接好,把点火棒同控制器用电缆连好		

续表

工作过程				
序号	工作内容	完成情况	备注	
9	打开供气管路手阀，点火棒放置于炉外，接通点火控制器电源，再按启动开关，点火棒应喷火，试验正常后关闭控制器电源			
10	将点火棒插入点火支架内，调整好位置锁紧			
11	操作人员离开炉头，站在炉体的侧面，手持点火控制器，接通电源开关，按启动开关，点火棒喷火并燃烧 1 min，开主燃料阀门，把燃烧器点着后，关闭点火控制器			
12	若第一次点火失败，则必须严格按加热炉操作规程要求通风，检查后按上述点火程序重新进行点火操作			
13	调节火焰阀的开启度，保证炉出口温度满足要求			
14	待炉燃烧旺盛后，调节烟囱挡板和燃烧器合风装置，使油或气能充分燃烧，调节到燃油呈橘黄色火焰、燃气呈淡蓝色火焰、烟囱不冒烟的状态			
15	点火结束后，关闭供气管路的手阀，再进行一次点火操作，排除余气后再拆下胶管			
16	将点火棒从点火支架上取出（主要管前端过热，防止烫伤），在通风处放置待管冷却后，放入包装袋内			
17	初烧时火苗不宜过大，0.5 h 后根据配温需要逐渐加大，火苗平稳后操作人员方可离开，但每 2 h 必须巡回检查一次			
18	收拾工具、清理场地			
19	遵守国家或企业有关安全规定			
出现问题			解决办法	

【评价反馈】

1. 学生自评

学生扫码完成学生自评表。

2. 学生互评

学生扫码完成学生互评表。

3. 教师评价

教师扫码完成教师评价表。

子任务五　计量仪表的运行与维护

【任务描述】

油田生产过程中，要时刻对流体的温度、压力、流量、液位等量进行计量，以便保证安全、有效的生产。计量仪表就是将被测量值转换成直接可以观察的示值或等效信息的器具，如压力测量仪表、温度测量仪表、液位测量仪表、流量测量仪表等。安全、规范地完成常用测量仪表投运、巡查维护、停运操作是收发油岗位的重要工作内容之一。

腰轮流量计

【工作准备】

1. 液位测量仪表

输油生产中液位测量仪表主要用于各种储罐和锅炉液位的测量，所采用的液位测量仪表种类很多，按其工作原理不同分为＿＿＿＿＿＿＿＿＿＿＿＿＿＿、＿＿＿＿＿＿＿＿＿＿＿＿＿＿、＿＿＿＿＿＿＿＿＿＿＿＿＿＿。

1）玻璃管液位计

如图 2-9 所示，玻璃管液位计是按照＿＿＿＿＿＿＿＿＿＿＿＿＿＿原理工作，只要被测容器内和玻璃管内液体的温度相同，两边的液柱高度必然相等。

若两者介质温度不同，则可按下式进行修正：

$$H = \frac{\rho_0}{\rho} h \qquad (2-1)$$

式中：H——容器内液位高度；

　　　h——液位计读数；

　　　ρ_0——液位计中介质在温度 t_0 时的密度；

　　　ρ——容器中介质在温度 t 时的密度。

玻璃液位计有＿＿＿＿＿＿＿＿＿＿＿＿＿＿式和＿＿＿＿＿＿＿＿＿＿＿＿＿＿式两种。玻璃管液位计中，玻璃管装在具有填料函的金属保护管中，玻璃管旁有带刻度的金属标尺。玻璃管液位计与液罐连通管上有特殊隔断阀，以便在清洗、更换玻璃管时将其与液罐隔开。

图 2-10 所示为玻璃管液位计的结构。玻璃管液位计主要由玻璃管 7、上下阀门 4、玻璃管两端连接密封件 5、标尺 8、玻璃管保护罩 6 等组成。在上下阀上有螺纹接头 2,将与被测容器连接用的法兰 1 焊接在该螺纹接头上。在上下阀门内装有钢球 3,其作用是当玻璃管因意外事故破碎时,钢球在容器内压力的作用下自动密封,以防止容器内的液体外流。在上下阀门端部还装有堵塞螺钉 9,可供取样用。

问题引导 1:玻璃管液位计如何使用?

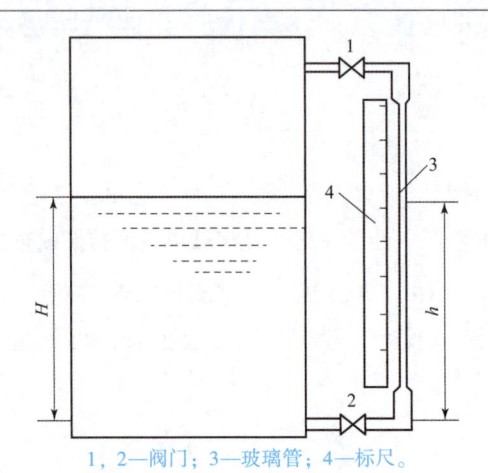

_____

_____。

1,2—阀门;3—玻璃管;4—标尺。
图 2-9 玻璃管液位计的工作原理

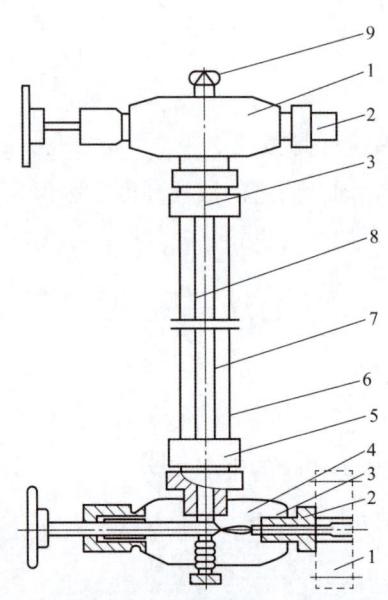

1—连接法兰;2—螺纹接头;3—钢球;4—上下阀门;5—密封件;6—保护罩;7—玻璃管;8—标尺;9—堵塞螺钉。
图 2-10 玻璃管液位计的结构

问题引导2：玻璃管液位计的特点是什么？

_____

_____

_____

_____。

2) 磁翻转液位计

问题引导3：结合磁翻转液位计的结构（见图2-11），分析磁翻转液位计的工作过程。

_____

_____

_____

_____。

有的磁翻转液位计的翻板用红白指示球代替，球内嵌有小磁铁，由磁性浮漂带动着翻转。磁翻转液位计翻板数量随测量范围及精度而定，使用时应_____安装，并定期清洗。若翻板翻转不正常，则可以用_____校正。

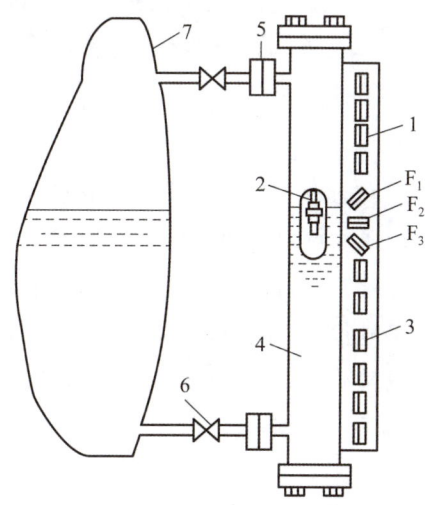

1—翻板；2—带磁钢的浮子；3—翻板轴；4—连通器；5—连接法兰；
6—阀门；7—被测液罐。

图2-11 磁翻转液位计的结构

2. 流量测量仪表

测量管道输送的流体流量的仪表有容积式流量计、速度式流量计、质量流量计、差压式流量计、面积式流量计等。目前原油输送管道主要使用的是容积式流量计中的腰轮流量计、椭圆齿轮流量计、刮板流量计和速度式流量计中的涡轮流量计，下面介绍其中三种。

1) 腰轮流量计

腰轮流量计又称罗茨流量计，属于_____流量计。

问题引导4：容积式流量计的测量原理是什么？

_____

_____

_____。

腰轮流量计由测量主体、联轴器和表头三大部分组成，如图2-12所示。

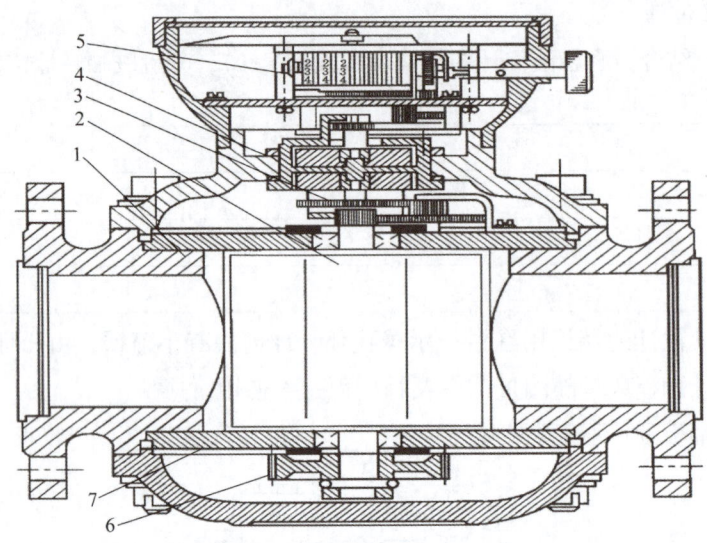

1—外壳；2—腰轮；3—减速齿轮系；4—磁性联轴器；5—显示部分；6—驱动齿轮；7—隔板。

图2-12　腰轮流量计

测量部分的壳体内，有一对截面呈"8"字形的柱状转子——腰轮，腰轮上下盖一隔板，腰轮与壳体及两侧隔板间形成的封闭空间就是"计量室"。与腰轮同轴的两个驱动齿轮在隔板外面相互啮合，以保持两腰轮反向转动。腰轮在转动过程中，两腰轮之间以及腰轮与壳体和隔板之间，始终保持准接触状态。腰轮把进出口流体分隔开来，所形成的计量室随腰轮转动而移动。因而，只有腰轮转动时，才能把流体从进口排到出口去。腰轮流量计的工作过程如图2-13所示。

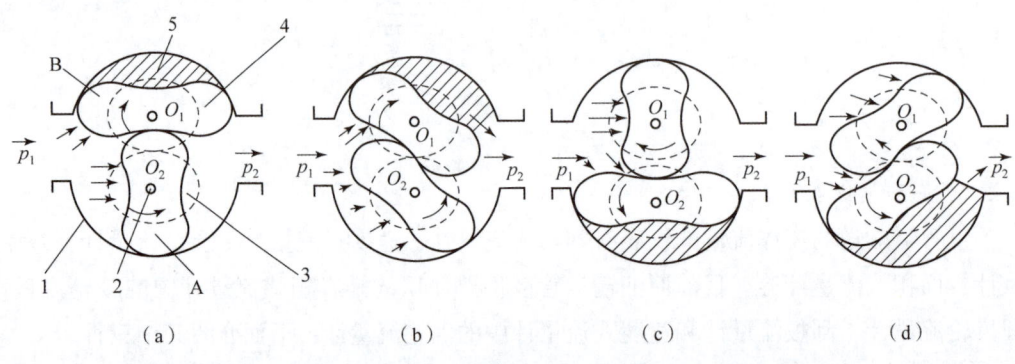

1—壳体；2—转动轴；3—驱动齿轮；4—腰轮；5—计量室。

图2-13　腰轮流量计的工作过程

流体通过流量计时，由于受腰轮的阻挡，故产生进出口压力差（$p_1 - p_2$），在此压力差的作用下，将对腰轮产生力矩，使之转动。

问题引导 5：结合图 2-13，分析腰轮流量计的工作过程。

_____
_____
_____
_____
_____
_____
_____。

问题引导 6：腰轮流量计的特点有哪些？

_____
_____
_____
_____
_____
_____
_____。

问题引导 7：腰轮流量计安装使用中需要注意的问题有哪些？

_____
_____
_____
_____
_____
_____
_____。

2）刮板流量计

刮板流量计是一种高精度_____流量计，适用于_____的流体，国内已经研制，并且在输油管道已有应用。根据结构不同，刮板流量计分为凸轮式和凹线式两种。下面以凸轮式刮板流量计为例作简要介绍。

凸轮式刮板流量计主要由转子、凸轮、凸轮轴、刮板、连杆、滚柱及壳体组成。壳体内腔是一个圆形空筒。转子是一个可以转动的空心薄壁圆筒，筒壁开了四个槽，互成

_____°，刮板可以在槽内滑动，可伸出或缩进（若采用三对刮板，则可开互成_____°角的六个槽）。四个刮板分别由两根连杆连接，互成90°角，在空间交叉，互不干扰。刮板的内侧各有一个小滚柱，这四个小滚柱都紧靠在一个固定不动的凸轮上，可沿具有特定曲线形状的凸轮边缘滚动，从而使刮板时而伸出、时而缩进。若一个连杆的某端刮板从转子筒边槽口伸出，则另一端的刮板就缩进转子筒内，因为同一连杆的长度是一定的。

问题引导8：结合图2-14，分析凸轮式刮板流量计的工作原理。

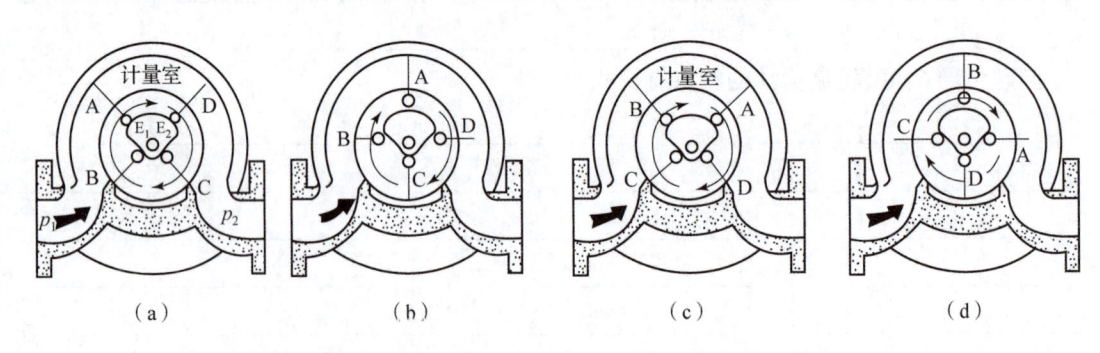

_____
_____
_____
_____。

图2-14 凸轮式刮板流量计的工作原理

问题引导9：刮板流量计的特点有哪些？

_____
_____
_____
_____。

3）涡轮流量计

问题引导10：涡轮流量计的测量原理是什么？

_____
_____
_____
_____。

（1）涡轮流量计的结构与原理。

涡轮流量计由涡轮流量变送器、前置放大器及显示仪表组成，其基本组成方框图如图2-15所示。

涡轮流量变送器如图2-16所示，其主要由涡轮组件、导流器组件、磁电转换器、前置放大器等组成。前置放大器通常和变送器装在一起，可以看作是一个部分。

模块二　接转站操作与管理

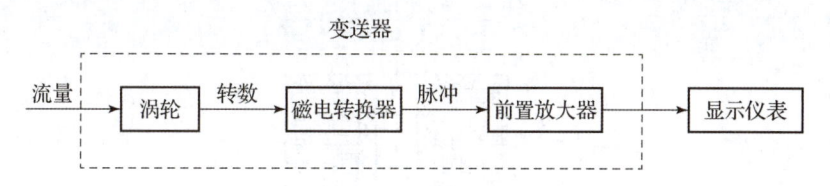

流量 → 涡轮 —转数→ 磁电转换器 —脉冲→ 前置放大器 → 显示仪表
（变送器）

图 2－15　涡轮流量计的基本组成方框图

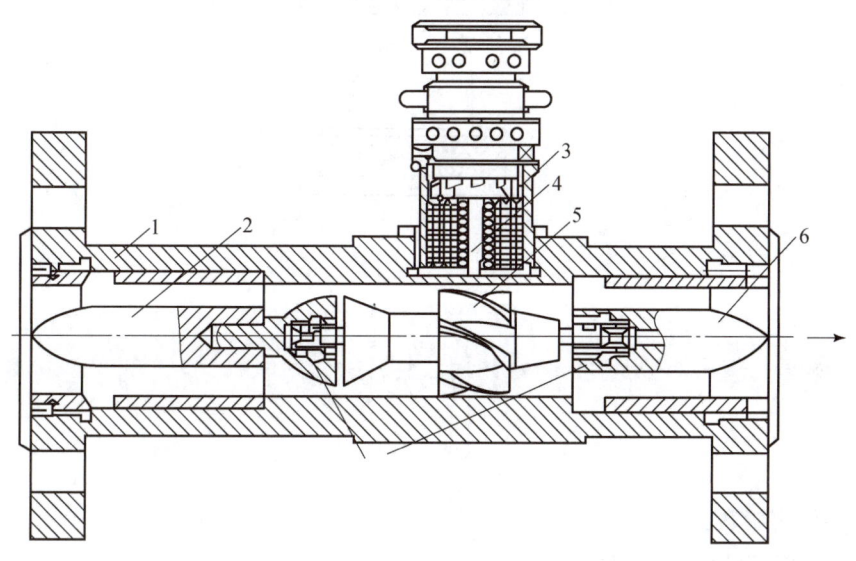

1—壳体；2—前导流器；3—前置放大器；4—磁电转换器；5—涡轮；6—后导流器；7—轴承。

图 2－16　涡轮流量变送器

涡轮 5 是由高导磁不锈钢材料制成的，其上的数片螺旋形叶片被置于摩擦力很小的石墨轴承 7 上，保持与壳体同轴心。由于涡轮转速可能很高，因此轴承必须耐磨，否则会影响变送器的精度和使用寿命。在涡轮流量变送器的进、出口装有导流器，它由导向环（片）及导向座组成，使流体在到达涡轮前先受导向整流作用，以避免因流体的自旋而改变流体与涡轮叶片的作用角，使精度降低。导流器是用非导磁性材料制成的。涡轮的支承轴承就装在前后导流器上。

涡轮流量变送器的壳体是用非导磁性材料制成的，它和管道之间采用螺纹连接或法兰连接。由永久磁铁和感应线圈组成的磁电转换器装在涡轮上方不导磁的壳体外，其工作原理如图 2－17 所示。感应信号的前置放大器也装在这里。当导磁叶片在流体冲击下旋转时，叶片便周期性地经过磁钢的磁场，使磁路的磁阻发生周期性变化，通过线圈的磁通量也跟着发生周期性变化，从而在线圈中感应出交变电信号，并经前置放大器放大后送给显示仪表。

为了减小流体作用在涡轮上的轴向推力，通过涡轮前轴承处的节流作用，在前轴承上造成一低压区，以产生一个反向静压差作用力抵消轴向推力，减小涡轮轴承的磨损，提高变送器寿命。

经过上述分析，不难理解脉冲信号的频率与被测流体的流量成正比，即

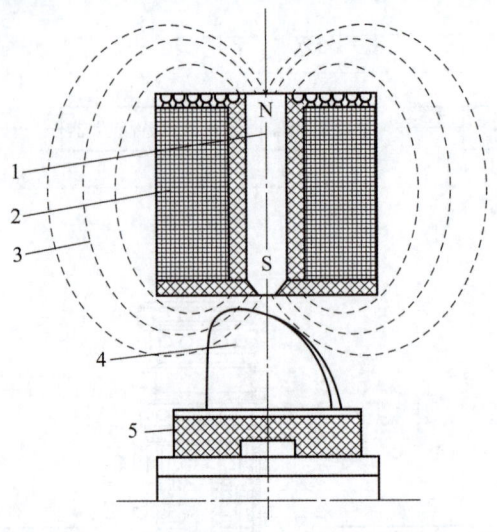

1—永久磁铁；2—感应线圈；3—磁力线；4—叶片；5—涡轮。

图 2-17 磁电转换器工作原理

$$\begin{cases} q = \dfrac{1}{\xi} f \\ V = \dfrac{N}{\xi} \end{cases} \qquad (2-2)$$

式中：ξ——仪表常数，$1/m^3$；

f——变送器输出信号频率，$1/s$；

q——被测体积流量，m^3/s；

N——传感器输出的脉冲数；

V——被测流体的累计流量，m^3。

问题引导 11：涡轮流量计使用中应注意哪些问题？

_____

_____

_____。

涡轮流量计的显示仪表实际上是一个脉冲频率测量和计数的仪表，涡轮流量变送器将流体流量变成电脉冲信号送给显示仪表，显示仪表通过对其脉冲信号的频率和脉冲个数进行处理及累计，根据单位时间的脉冲数和一段时间的脉冲数分别指示出瞬时流量和累计流量（总量）。

（2）涡轮流量计的使用与维护。

问题引导 12：如何正确使用涡轮流量计？

_____

_____

_____。

【任务实施】

1. 任务实施要求

(1) 必须穿戴好劳动保护用品。

(2) 工具、量具、用具准备齐全,正确使用。

(3) 操作规程符合安全文明操作。

(4) 按规定完成操作任务,质量达到技术要求。

(5) 操作完毕,做到工完、料净、场地清。

2. 任务实施步骤(见表2-8)

表2-8　容积式流量计启停操作任务工作单

(容积式流量计启停操作)任务工作单			
姓名:	班级:		组号:
分组情况			
序号	学号	姓名	角色	职责

(注：表头为"序号 学号 姓名 角色 职责")

序号	学号	姓名	角色	职责

工作过程			
序号	工作内容	完成情况	备注
1	设备准备		
2	材料准备		
3	工具准备		
4	新装流量计的投运应符合工艺设计要求,原油流向与流量计壳体上箭头所示方向一致		
5	被计量原油的流量、压力和温度范围应符合流量计铭牌上的规定		
6	流量计必须具有有效的合格证书和检定证书		
7	流量计系统排污阀、放空阀、扫线阀及在线密度计和含水分析仪的进、出口阀应关严		
8	对轴封密封、精修器的圆盘摩擦轮机构按规定加注润滑油		
9	流量计发送器、表头计数器和铅封完好,仪表接线正确		

续表

工作过程				
序号	工作内容	完成情况	备注	
10	压力表、温度计应满足计量要求并具有有效的检定证书			
11	按规定录取流量计表头计数器的底数			
12	对新建工艺流程中流量计的投用，宜采用直管段或加密过滤网清洗管线			
13	启动流量计时，先缓慢打开流量计的进口阀，流量计及附属设备不渗不漏。再缓慢打开流量计出口阀，并使进、出口阀保持一定压力差，表头计数器和仪表正常运行，调节流量计的出口阀，使流量计在所需的流量范围内运行。两台以上流量计并联运行时，应调节流量计的出口阀，保持每台流量计的流量均衡，并在正常的流量范围内运行			
14	在任何情况下，利用消气器与放空阀把流量计和系统内的空气缓慢排出，保证原油充满流量计			
15	流量计系统的仪表投入运行并录取有关数据			
16	停运流量计时，先缓慢关闭流量计的进口阀，待计数器完全停止后，再缓慢关闭流量计的出口阀，在停运过程中应录取有关数据			
17	流量计停运后，流量计的进、出口阀及消气器和过滤器的排污阀、扫线阀等应处于关闭状态			
18	流量计停运时，如果是高凝、高黏油品，管道内油品由于温度降低可能凝固，则停运后应立即按规定进行扫线处理。一般对于原油管道，夏季停运超过 24 h、冬季停运超过 8 h 时，应扫线排污			
19	收拾工具、清理场地			
20	遵守国家或企业有关安全规定			
出现问题			解决办法	

【评价反馈】

1. 学生自评

学生扫码完成学生自评表。

2. 学生互评

学生扫码完成学生互评表。

3. 教师评价

教师扫码完成教师评价表。

模块三　原油处理站操作与管理

原油脱水站是油田地面工程中最核心的部分，它担负着原油脱水的重要任务，是油气集输与矿场加工的最后一步，在此可使原油含水达到标准要求，同时降低原油的饱和蒸气压，使油井产液成为合格的商品原油。本模块包括原油处理岗位操作与管理及原油处理设备运维岗位操作与管理两个任务。在明确任务后，通过学习、理解相关岗位职责、工艺流程、设备结构原理、设备操作维护保养等内容，完成原油处理站相关工作。

任务一　原油处理岗位操作与管理

【任务描述】

原油处理包括原油脱水与原油稳定两个生产环节。通过本任务学习，要求掌握原油处理岗位职责，熟悉原油脱水与原油稳定的工艺流程；能够掌握绘图、识读的基本技能，能够根据工艺要求选择合适的生产流程，可对流程改进提出建议。

> 小贴士
> 安全操作是生产的关键，请秉持敬业、精益、专注的大国工匠精神和吃苦耐劳的石油精神，强化安全和规范意识，严格按照原油处理岗位安全规范进行原油处理作业。

【任务目标】

（一）知识目标

1. 熟悉脱水岗位的职责；
2. 熟悉脱水作业的操作要求；
3. 了解原油脱水的常见工艺；
4. 熟悉现场原油脱水站常用工艺流程；
5. 认识原油脱水站的主要设备、组件和管线；
6. 熟悉原油稳定站常用的工艺流程；

7. 认识原油稳定站的主要设备、组件和管线；
8. 熟悉工艺流程图中的常用装置。

（二）技能目标

1. 能安全规范地执行原油脱水工艺；
2. 能选择合适的脱水工艺流程；
3. 会识读并绘制原油脱水工艺流程图；
4. 会识读并绘制原油稳定工艺流程图。

（三）素质目标

1. 培养节约意识；
2. 培养刻苦钻研的治学精神；
3. 培养工作中的沟通表达能力和组织协调能力；
4. 培养遵纪守法的职业道德；
5. 提高安全生产、安全操作的意识。

子任务一 原油处理岗位职责与要求认知

【任务描述】

原油脱水岗位是保障原油正常炼制的岗位之一。安全、规范地执行原油脱水工艺是从事原油脱水岗位的基本技能。每一位从业者均应将对应岗位职责牢记于心，在原油脱水作业过程中践行岗位职责。

【工作准备】

1. 原油脱水班长的职责

（1）负责监督原油脱水工作，指导下属人员完成任务，并保证脱水效果优异。

（2）执行制订的工作计划，协调各部门的工作，确保原油脱水的顺利进行。

（3）严格执行各项安全规定，对原油脱水设备及工作环境进行日常检查，现场管理保持整洁有序。

（4）监督原油脱水设备的保养和维修，及时处理设备故障，确保设备长期稳定运行。

（5）参与原油脱水工艺的制定，提出改进意见，提高处理效率及质量等综合技术管理工作。

2. 原油脱水工的职责

（1）负责脱水相关设备、仪器、工具、信号及通信设备的使用和保养，保持设备完好。

(2) 严格执行技术操作规程，不违章作业，留意设备及人身安全，做到安全生产。

(3) 熟悉设备性能，做到应知应会，工作时间精力集中，经常检查设备运转状况，完成当班生产任务。

(4) 保持岗位卫生清洁、照明良好、消防器材完好。

(5) 上岗时按规定穿好工作服、戴好劳保用品。

(6) 具有环保和节能意识，熟知并能够正确辨识本岗位的危急源与环境因素，以及掌握应急措施。

(7) 仔细填写岗位记录，做到清晰、完整。

3. 原油稳定岗位的安全要求

(1) 上岗人员一律穿戴劳保用品，严格遵守作业指导书上的规定。

(2) 当投稳定塔时，严防冲塔事故。

(3) 启动压缩机，必须正常运行且保持 10 min 后，方可离开现场。

(4) 在天然气及轻油罐区域要严格防止泄露，防电器火灾，防静电，不准将含油水放入地沟。

(5) 懂消防知识，会熟练使用本岗位的各种灭火器材，做好分管场地、设备卫生，使本岗位达到三标要求。

4. 原油稳定岗位责任制

1) 岗位专责制

(1) 熟练掌握本岗位工艺流程及设备性能。

(2) 负责稳定塔、稳定压缩机的正常运行。

(3) 负责保证正、负压分离，正、负压冷凝器凝液中间罐参数正常、平稳。

(4) 负责保证装置的各项温度、压力、液位及流量参数的正常和稳定。

(5) 负责保证装置的产品合格及装置的安全生产。

2) 交接班制

(1) 交接双方人员按规定穿戴劳保用品。

(2) 在本岗位按规定交接清楚八方面内容：生产情况；质量和资料情况；设备情况；工具和用具情况；安全生产和消防用具情况；工作场所清洁卫生及技术练兵情况；下班准备情况；上级布置任务及注意事项。

(3) 对接班人员提出的问题，交班人员应立即整改方可交班。

(4) 交班后，双方签名且认真填写交班记录，岗位上出现的任何问题由接班人员负责。

3) 巡回检查制

(1) 值班人员应持工具沿巡回检查路线逐点检查，且详细记录各点的运行参数，发现问题及时处理和汇报。

(2) 每 2 h 按巡回检查路线做巡检工作。

（3）检查完毕后，详细、认真填写记录，数据真实可靠。

4）设备维护保养制

（1）值班人员应认真履行设备保养制度，保持设备清洁、紧固、不脏、不锈、不松、不漏。

（2）例行保养，当班人员应对运转设备进行清洁、检查等例行保养。

（3）及时对压力表、流量计、电度表、电流表、安全阀进行检验。流量计、压力表每年标定一次；消防设备每月检查一次，每季度填写检查记录；安全阀每年标定一次；过滤器随时清洗。

5）质量负责制

（1）按时准确进行计量，认真填写报表，资料做到填写清楚、整洁，全准率达95%以上。

（2）按"十字作业"法对设备进行保养，做到不渗、不漏、不脏、不锈、不坏，设备齐全完整，性能良好。

（3）每个操作人员必须严格遵守作业指导书上的规定，完成工艺指标，严格控制各道工序质量。

6）安全生产制

（1）非本岗位人员，进入本区域要进行查询和登记。

（2）新岗位人员于单独顶岗前，要进行安全知识、技术知识的学习，经过考核合格后方可单独顶岗。

（3）严禁酒后上岗、吸烟、使用明火，岗位人员必须熟练使用消防设备，消防设施要定期校对，建立检查卡。

7）岗位练兵制

（1）岗位工人必须定期进行练兵，达到四懂三会。

（2）每月考核一次，建立考核成绩和技术档案。

8）经济管理制

（1）用料有计划、消耗有定额、领料有登记、节约有奖、超耗受罚。

（2）开展修旧利废和技术革新活动，努力降低成本。

（3）开展"节能降耗"活动，杜绝浪费，定期考核。

（4）严格落实《内部运营承包责任书》。

【任务实施】

1. 任务实施要求

（1）明确岗位职责。

（2）明确岗位安全要求。

2. 任务实施步骤（见表 3-1）

表 3-1　原油处理岗位任务工作单

<table>
<tr><td colspan="5" align="center">（原油处理岗位）任务工作单</td></tr>
<tr><td colspan="2">姓名：</td><td colspan="2">班级：</td><td>组号：</td></tr>
<tr><td colspan="5" align="center">分组情况</td></tr>
<tr><td>序号</td><td>学号</td><td>姓名</td><td>角色</td><td>职责</td></tr>
<tr><td></td><td></td><td></td><td></td><td></td></tr>
<tr><td></td><td></td><td></td><td></td><td></td></tr>
<tr><td></td><td></td><td></td><td></td><td></td></tr>
<tr><td colspan="5" align="center">工作过程</td></tr>
<tr><td>序号</td><td colspan="2">工作内容</td><td>掌握情况</td><td>备注</td></tr>
<tr><td>1</td><td colspan="2">熟记原油脱水班长的职责</td><td></td><td></td></tr>
<tr><td>2</td><td colspan="2">熟记原油脱水工的职责</td><td></td><td></td></tr>
<tr><td>3</td><td colspan="2">熟记原油稳定岗位的安全要求</td><td></td><td></td></tr>
<tr><td>4</td><td colspan="2">熟记原油稳定岗位责任制</td><td></td><td></td></tr>
<tr><td></td><td colspan="2"></td><td></td><td></td></tr>
<tr><td colspan="3" align="center">出现问题</td><td colspan="2" align="center">解决办法</td></tr>
<tr><td colspan="3"></td><td colspan="2"></td></tr>
</table>

【评价反馈】

1. 学生自评

学生扫码完成学生自评表。

2. 学生互评

学生扫码完成学生互评表。

3. 教师评价

教师扫码完成教师评价表。

子任务二　原油脱水工艺流程图绘制

【任务描述】

原油脱水站是油田地面工程中最核心的部分，它担负着原油脱水的重要任务。原油脱水工艺流程图是进行原油脱水工艺操作的基础，结合图 3-1，完成原油脱水工艺流程图的绘制，并能够正确说出相关图例的功能与应用场合。

油水混合物的性质	加药流程	原油脱水的原理及方法	原油脱水的流程

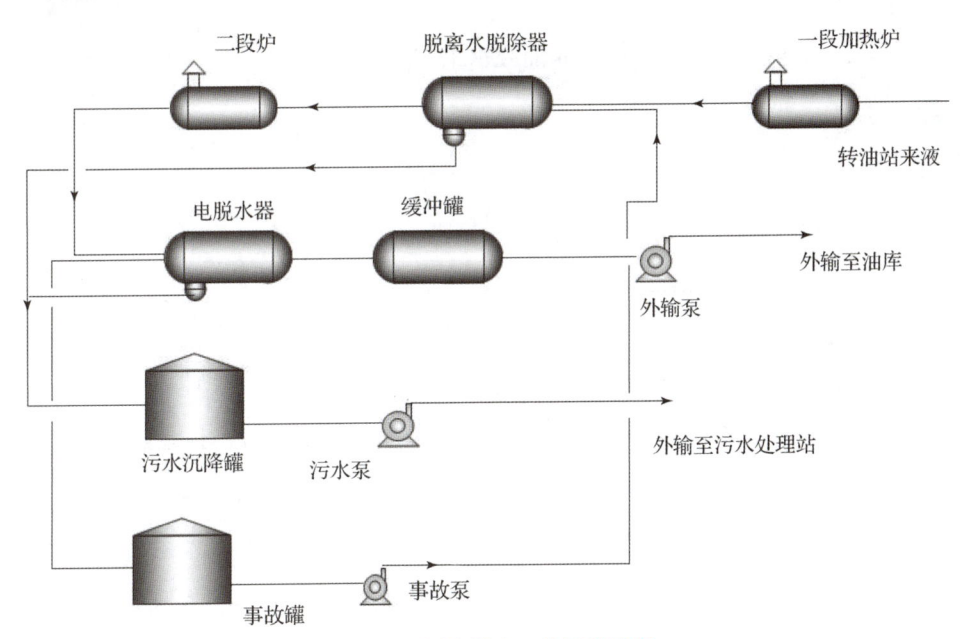

图 3-1　原油脱水工艺流程示意

二、学工作准备

1. 原油脱水的基本原理

原油和水在油藏内运动时，常携带并溶解大量盐类，如氯化物（氯化钾、氯化钠、氯化镁、氯化钙）、硫酸盐、碳酸盐等。在油田开采初期，原油中含水很少或基本不含水，这些盐类主要以固体结晶形态悬浮于原油中，进入中、高含水开采期时则主要溶解于水中。对原油进行脱水、脱盐、脱除泥砂等操作，使之成为合格商品原油的工艺过程称原油处理，国内常称原油脱水，相应的容器称脱水器。

2. 原油脱水的目的

问题引导1：请结合所学，分析原油脱水的目的主要有哪些方面。

3. 原油脱水的基本方法

原油脱水包括脱除原油中的_____和_____。各种常见脱水方法的共同点是，创造良好条件使油水依靠密度差和所受重力不同而分层。原油脱水前，应尽可能脱除原油内析出的溶解气，否则气体的析出和在原油内上浮，以及气泡吸附水滴将严重干扰水滴的沉降，降低脱水质量。

原油脱水的常用方法有：重力沉降、加热、机械、化学破乳剂、电脱水等，在生产实践中，经常综合应用上述脱水方法，以求得最好的脱水效果和最低的脱水成本。

4. 原油脱水工艺流程

问题引导2：请结合任务单，简述原油脱水工艺流程。

_____
_____
_____
_____

5. 原油脱水的几种工艺

1）化学破乳沉降脱水工艺流程

（1）一次破乳—两级沉降脱水工艺流程。

问题引导3：请结合图3-2，解释说明一次破乳—两级沉降脱水工艺流程。

_____
_____
_____
_____

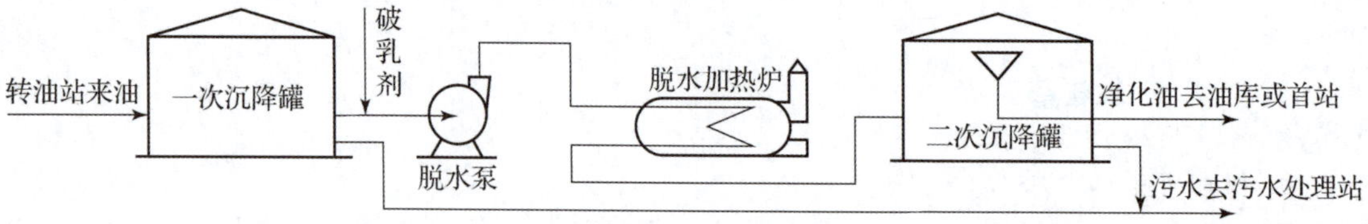

图3-2 一次破乳—两级沉降脱水工艺流程示意

问题引导4：一次破乳—两级沉降脱水工艺流程的适用条件有哪些？

_____
_____
_____
_____

（2）二次破乳—两级沉降脱水工艺流程。

问题引导5：请结合图3-3，解释说明二次破乳—两级沉降脱水工艺流程。

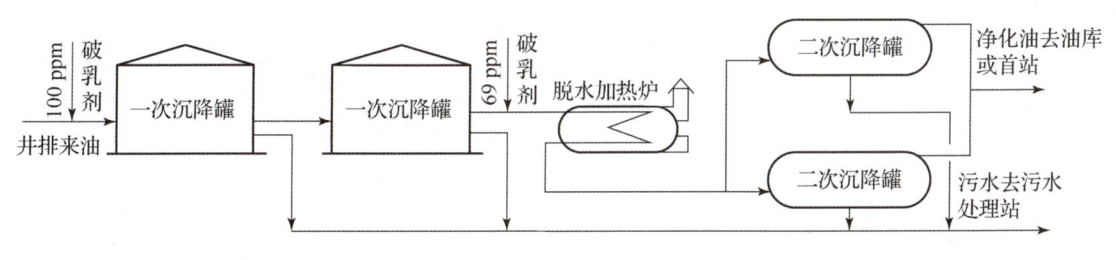

_____

_____

_____。

图3-3　二次破乳—两级沉降脱水工艺流程示意

问题引导6：二次破乳—两级沉降脱水工艺流程的适用条件有哪些？

_____

_____

_____。

值得注意的是，在化学破乳沉降脱水工艺流程中，破乳剂的_____，对脱水效果和效率有较大的影响。

问题引导7：破乳剂加入过早或过晚会给破乳效果带来什么样的影响？

_____

_____

_____。

2）电化学沉降脱水工艺流程

电化学沉降脱水，是利用化学破乳、电场力破乳、重力沉降等多种方法的综合脱水工艺。根据乳状液的含水及黏度等性质的不同，其工艺过程也有差异。

（1）一段电化学沉降脱水工艺流程。

问题引导8：请结合图3-4，解释说明一段电化学沉降脱水工艺流程及适用条件。

_____

_____

_____

_____。

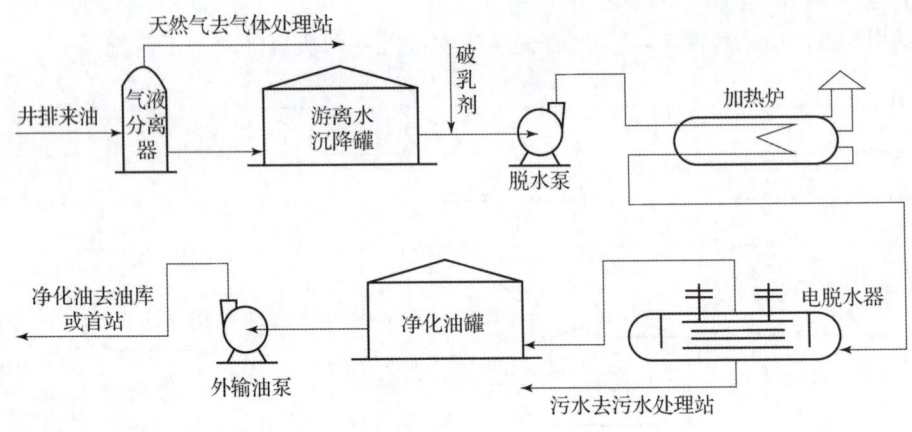

图 3-4　一段电化学沉降脱水工艺流程示意

(2) 二段电化学沉降脱水工艺流程。

问题引导 9：请结合图 3-5，解释说明二段电化学沉降脱水工艺流程及适用条件。

_____

_____

_____

_____。

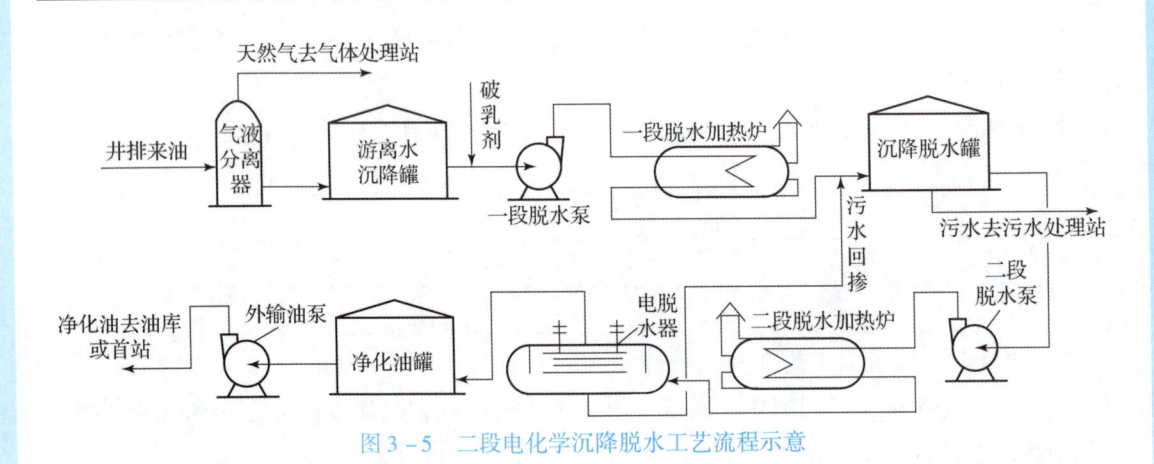

图 3-5　二段电化学沉降脱水工艺流程示意

(3) 高黏度原油脱水工艺流程。

问题引导 10：请结合图 3-6，解释说明高黏度原油脱水工艺流程及适用条件。

_____

_____

_____

_____。

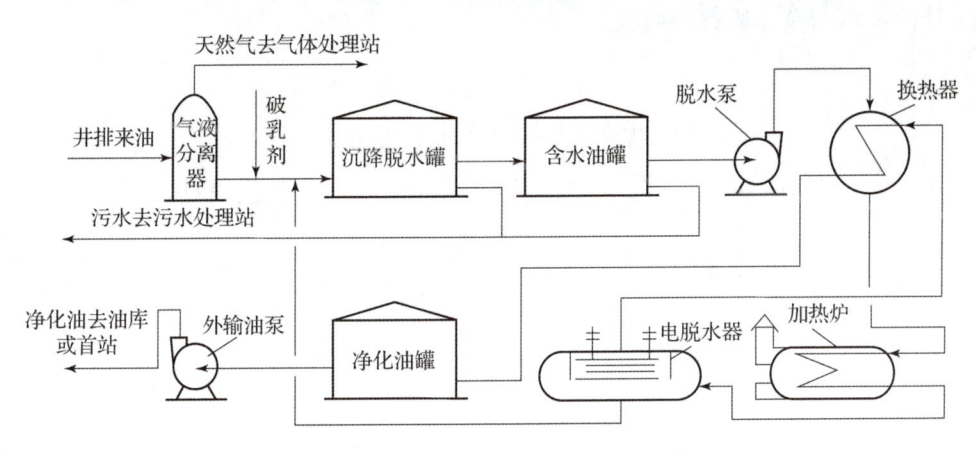

图 3-6　高黏度原油脱水工艺流程示意

3) 密闭脱水工艺流程

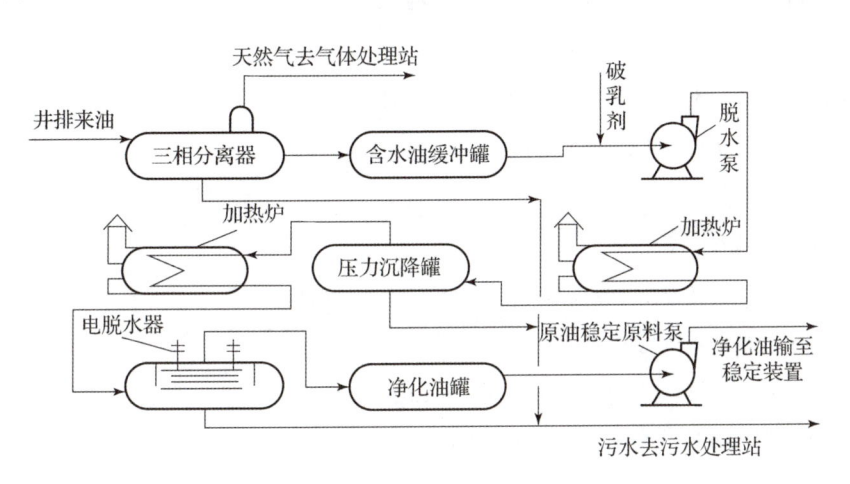

在图 3-7 流程中，以_____代替了开式工艺流程中的气液分离器和一次沉降罐，以可承受一定压力的卧式缓冲罐、压力沉降罐等代替了开式工艺流程中的立式常压储罐，实现了_____，具有流程简单、建设投资少、油气蒸发损耗少、避免乳状液老化、有利于实现自动控制等点。但运行参数的相互影响较大，对自动化水平的要求较高。

图 3-7　密闭脱水工艺流程示意

【任务实施】

1. 任务实施要求

（1）必须穿戴好劳动保护用品。

（2）工具、量具、用具准备齐全，正确使用。

（3）操作规程符合安全文明操作。

（4）按规定完成操作任务，质量达到技术要求。

（5）操作完毕，做到工完、料净、场地清。

2. 任务实施步骤（见表3-2）

表3-2 原油脱水工艺流程图绘制任务工作单

（原油脱水工艺流程图绘制）任务工作单					
姓名：		班级：		组号：	
分组情况					
序号	学号		姓名	角色	职责
工作过程					
序号	工作内容			完成情况	备注
1	设备准备				
2	材料准备				
3	工具准备				
4	根据工艺流程图的大小和绘图比例选择图幅				
5	用铅笔画出工艺流程图的边框				
6	在图纸上边留出25~100 mm 工艺流程图的名称位置				
7	在图纸的下边根据需要留出100 mm 左右的标题栏和管线及管件的标注栏				
8	绘制工艺流程图草图				
9	检查无误后用碳素绘图笔描图。注意选择绘图线条的粗细和设备管线的主次相符合				
10	用细绘图笔在管线上规范画出走向，在设备上填写名称，采用切割法对管线和管件进行排序编号				
11	依据管线编号在标注栏内填写管线编号、名称及规格、单位数量等，必要时填管径和标高				
12	在标题栏内填写相关内容				
13	收拾工具、清理场地				
14	遵守国家或企业有关安全规定				
出现问题				解决办法	

【评价反馈】

1. 学生自评

学生扫码完成学生自评表。

2. 学生互评

学生扫码完成学生互评表。

3. 教师评价

教师扫码完成教师评价表。

子任务三　原油稳定工艺流程图绘制

【任务描述】

原油稳定主要是从原油中脱除轻组分，使原油在常温常压下储存时蒸发损耗减少、保持稳定，它是原油运输和储存过程中的一项重要工作。完成原油稳定工艺流程图的绘制，并能够正确说出相关图例的功能与应用场合。

原油稳定的原理　　　　闪蒸稳定法　　　　分馏稳定法

【工作准备】

1. 原油的损失形式

问题引导1：结合所学，分析原油的损失形式有哪些。

_____

_____

_____。

问题引导2：减少原油损失的措施有哪些?

_____

_____

_____。

2. 原油稳定原理

1) 烃蒸气压与温度的关系

各种烃类的蒸气压与温度的关系，可由_____图查到。每一种烃的饱和蒸气压都随温度的升高而_____。

2）原油蒸气压与组成的关系

烃类的蒸气压取决于烃类的本性。同一族烃类，在相同的温度下，随烃类沸点增高其蒸气压_____。

3）降低原油蒸气压的方法

原油的蒸气压与_____和_____有关。同一种原油的蒸气压随温度的升高而_____，在相同的温度下，轻烃含量高的原油，其蒸气压_____。因此，要降低原油蒸气压，可以通过降低原油温度或减少原油中轻烃的含量来实现。但降低温度会受工艺条件的限制，不容易在油气集输和处理的整个工艺系统中实现。所以，实用的方法应该是减少原油中轻烃的含量，尽可能脱_____组分。

在同一温度下，对烃类组成来说，相对分子质量越小的组分蒸气压越_____，相对分子质量越大的组分蒸气压越_____。提高原油温度，可以使液相中的分子运动加速，克服相邻分子间的吸引力，逸散到上层气相空间。轻组分的相对分子质量小，分子间的引力也小，更容易挥发出来。这样，利用轻重组分挥发度不同，就可以把原油中的 C1~C4 轻组分分离出来。

3. 原油稳定的方法

原油稳定所采用的方法基本上可以分为闪蒸法和分馏法两大类。

1）闪蒸法

液体混合物在加热、蒸发过程中所形成的蒸气始终与液体保持接触，直到某一温度之后才最终进行气液分离，这种过程称为平衡蒸发，或称平衡汽化。当液体混合物的压力降低时，会出现闪蒸，此时部分混合物会蒸发，这种现象也是平衡汽化过程。闪蒸法又可根据操作压力不同分为负压、常压和正压。

问题引导 3：闪蒸法分离的机理是什么？

_____

_____

_____。

2）分馏法

原油中轻组分的蒸气压高、沸点低、易于汽化，重组分的蒸气压低、沸点高、不易汽化。按照轻、重组分的挥发度不同这一特点，可以利用_____原理将原油中的 C1~C4 脱除出去，达到稳定，这就是分馏法。

原油稳定方法的选择应根据具体条件综合考虑，需要时也可将两种方法结合在一起使用。

4. 负压闪蒸法原油稳定

原油经油气分离和脱水之后，再进入原油稳定塔，在负压条件下进行_____脱除挥发性轻烃，从而使原油达到稳定。

负压闪蒸法原油稳定_____，这种稳定方法的操作压力_____，负压闪蒸稳定法主要用于密度较_____、含轻烃较_____的原油（C1～C4 的含量小于_____），用负压稳定的方法能得到较好的稳定效果。

负压闪蒸法原油稳定工艺流程如图 3－8 所示。

问题引导 4：请结合图 3－8，解释说明负压闪蒸法原油稳定工艺流程及适用条件。

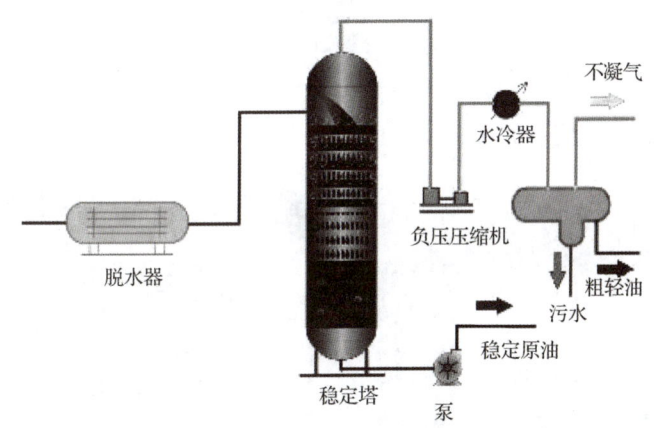

_____
_____
_____。

图 3－8　负压闪蒸法原油稳定工艺流程示意

5. 正压闪蒸法原油稳定

当原油中轻组分含量较多、气组分量较大时，利用气体压缩机抽吸耗功过多，会造成经济上的不合理，此时可以采用正压闪蒸稳定法。对于某一种未稳定原油，为了达到一定的稳定深度，在进行正压稳定时，应适当提高原油温度后进入稳定塔，使之达到稳定，所以，正压闪蒸法原油稳定也称加热闪蒸原油稳定。

问题引导 5：请结合图 3－9，解释说明正压闪蒸法原油稳定工艺流程及适用条件。

_____
_____
_____。

6. 分馏法原油稳定

经过油气分离、脱水后的原油通过分馏塔，以不同的稳定深度，多次汽化、冷凝，使轻、重组分分离。这个轻、重组分分离的过程称为分馏稳定。这种方法稳定的原油质量比其他几种方法都好，可以比较完整地脱去 C1～C4，且便于实现自动控制。此种稳定方法主要适用于含轻烃较多的原油。但分馏法设备多，流程比较复杂，一般来说，对操作过程的控制也比较严格。

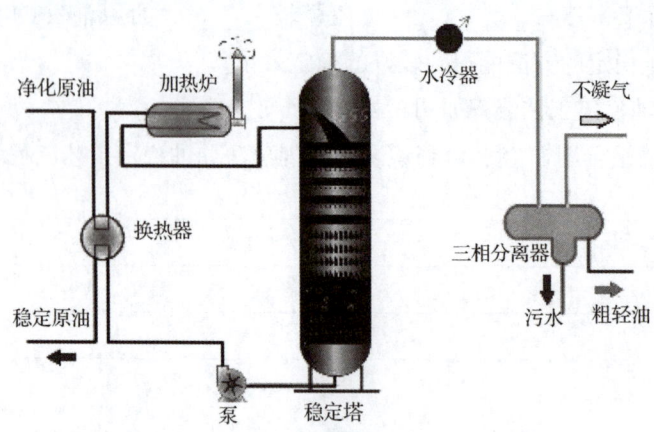

图 3-9 正压闪蒸原油稳定工艺流程示意

分馏法原油稳定工艺流程如图 3-10 所示。

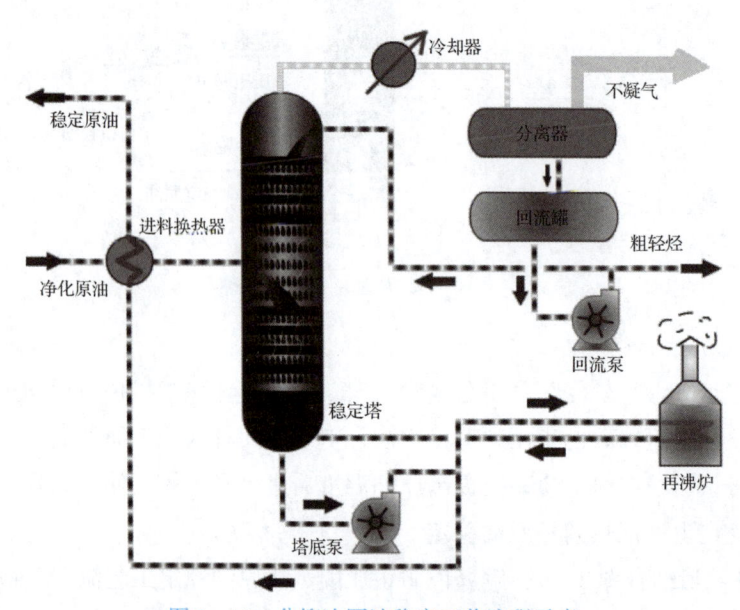

图 3-10 分馏法原油稳定工艺流程示意

问题引导 6：请结合图 3-10，解释说明分馏法原油稳定工艺流程及适用条件。

【任务实施】

1. 任务实施要求

(1) 必须穿戴好劳动保护用品。

(2) 工具、量具、用具准备齐全,正确使用。

(3) 操作规程符合安全文明操作。

(4) 按规定完成操作任务,质量达到技术要求。

(5) 操作完毕,做到工完、料净、场地清。

2. 任务实施步骤(见表 3-3)

表 3-3 原油稳定工艺流程图绘制任务工作单

(原油稳定工艺流程图绘制)任务工作单					
姓名:		班级:		组号:	
分组情况					
序号	学号		姓名	角色	职责
工作过程					
序号	工作内容			完成情况	备注
1	设备准备				
2	材料准备				
3	工具准备				
4	根据工艺流程图的大小和绘图比例选择图幅				
5	用铅笔画出工艺流程图的边框				
6	在图纸上边留出 25~100 mm 的工艺流程图名称位置				
7	在图纸的下边根据需要留出 100 mm 左右的标题栏和管线及管件的标注栏				
8	绘制工艺流程图草图				
9	检查无误后用碳素绘图笔描图。注意选择绘图线条的粗细和设备管线的主次相符合				
10	用细绘图笔在管线上规范画出走向,在设备上填写名称,采用切割法对管线和管件进行排序编号				

续表

工作过程				
序号	工作内容		完成情况	备注
11	依据管线编号在标注栏内填写管线编号、名称及规格、单位数量等，必要时填管径和标高		
12	在标题栏内填写相关内容		
13	收拾工具、清理场地		
14	遵守国家或企业有关安全规定		
出现问题			解决办法	

【评价反馈】

1. 学生自评

学生扫码完成学生自评表。

2. 学生互评

学生扫码完成学生互评表。

3. 教师评价

教师扫码完成教师评价表。

任务二　原油处理设备运维岗位操作与管理

【任务描述】

原油处理设备包括游离水脱除器、压力沉降罐、电脱水器、稳定塔以及分馏塔。本任务需要在熟悉原油处理设备结构、原理的基础上，会进行原油处理设备的操作、维护及保养，能进行各类事故的处理，要求能够综合运用所学知识，相互配合、协作完成生产任务。

> **小贴士**
>
> 确保原油处理站安全平稳运转是工作的基础，也是岗位职责的体现。身为新时代的中国石油人，我们应当时刻牢记为国奉献的初心，时刻肩负为国奋斗的使命，为国家能源安全和人民幸福生活贡献出自己的力量。

【任务目标】

（一）知识目标：

1. 熟悉设备运维岗位的职责；
2. 熟悉设备运维岗位的安全要求；
3. 掌握游离水脱除器、压力沉降罐、电脱水器的结构和原理；
4. 掌握稳定塔、分馏塔的结构和工作原理。

（二）技能目标：

1. 能安全规范地进行设备运维作业；
2. 能正确操作压力沉降罐；
3. 会正确操作游离水脱除器；
4. 能处理游离水脱除器常见故障；
5. 会正确操作电脱水器工作；
6. 能处理电脱水器常见故障；
7. 会正确操作稳定塔；
8. 能处理稳定塔的常见故障；
9. 能熟练地进行分馏塔操作；
10. 能正确处理分馏塔的常见故障。

（三）素质目标：

1. 养成主动发现问题、认真分析问题的习惯；
2. 养成善于利用信息手段迅速解决问题的习惯；
3. 培养不怕吃苦、敢为人先的劳模精神；
4. 树立制造强国的发展观念。

子任务一　设备运维岗位职责与要求认知

【任务描述】

原油处理设备运维岗位是保障原油脱水和稳定工艺正常进行的重要保障。正确操作和及时维护设备是原油处理设备运维岗位工作人员的一项基本技能，每一位从业者均应该将对应岗位职责牢记于心，在日常设备运维过程中践行岗位职责。

【工作准备】

1. 设备运维岗位职责

（1）运维人员应热爱本职工作，并具有强烈的事业心和责任感，掌握全面的专业技术知识和熟练的操作技能。

（2）严格按照原油处理工艺在线检测系统运维技术规范开展运维工作。

（3）运维人员应熟悉系统的仪器和设备性能，严格按照仪器操作过程，正确、规范地使用仪器设备，认真执行系统运行维护的各项规定。

（4）每周对运维的检测点进行一次例行巡检维护，切实做好维护和预防性检查工作，并认真填好维护情况记录，保证仪器良好的运行环境，及时更换仪器耗品，确保仪器的正常运转，保证系统长期、连续、稳定运行，保证达标的数据完整地上传至各级环保部门的监控平台。

（5）严格按照运行记录表所要求检查的内容，做好定期维护检查工作。

（6）认真做好仪器设备的维护保养工作，定期更换各类易损部件。

（7）运维记录采用统一的格式，各维护单位固定使用一本维护记录本，认真做好仪器设备日常运行的现状巡检记录。

（8）服从管理和调配，接到排除故障任务或发现故障时应及时排除，不能解决的应及时向上级部门报告，便于专业维修人员及时进行维修和处理。

（9）所有运维的自动监测仪器必须按规定的时间要求进行校正和校验，确保监测数据的准确率能达到各级环保部门的要求。

（10）建立仪器设备档案并按照要求妥善保管。

2. 设备运维岗位安全要求

（1）认真执行各项规章制度，懂得本岗位火灾危险性，熟悉原油处理过程，掌握灭火技能和处理险情的程序。

（2）自觉遵守安全生产规章制度和劳动纪律，不违章作业，并随时制止他人违章作业。

（3）作业人员不得穿化纤衣物、钉子鞋，应穿防静电服装。

（4）爱护和正确使用机器设备、工具，正确佩戴防护用品。

（5）努力学习并掌握安全知识和技能，熟练掌握本工种操作程序和安全操作规程。

【任务实施】

1. 任务实施要求

（1）明确岗位职责。

（2）明确岗位安全要求。

2. 任务实施步骤（见表3-4）

表3-4 设备运维岗位任务工作单

(设备运维岗位) 任务工作单				
姓名：		班级：	组号：	
分组情况				
序号	学号	姓名	角色	职责
工作过程				
序号	工作内容		掌握情况	备注
1	熟记设备运维岗位职责			
2	熟记设备运维岗位安全要求			
出现问题			解决办法	

【评价反馈】

1. 学生自评

学生扫码完成学生自评表。

2. 学生互评

学生扫码完成学生互评表。

3. 教师评价

教师扫码完成教师评价表。

子任务二 游离水脱除器的运行与维护

【任务描述】

游离水脱除器是原油脱水工艺中的一项重要设备，它依靠重力沉降原理进行油水分离。

正确操作游离水脱除器进行原油脱水是脱水工的基本技能。本任务要求安全、规范地完成游离水脱除器的保养及启停操作。

游离水和压力沉降罐　　　　操作游离水脱除器

【工作准备】

1. 游离水脱除器的结构

对于油、气、水混合物,常引入容器内,为混合物提供停留时间,依靠重力沉降原理进行油水分离。按容器的耐压能力不同,容器分为耐压的游离水脱除器、压力沉降罐和不耐压的常压沉降罐。目前在油田上广泛使用的是游离水脱除器。

问题引导1:游离水脱除器的作用是什么?

_____

_____

_____。

游离水脱除器有立式和卧式、两相和三相之分。由于立式游离水脱除器的油水分离效率低,因此其使用量很少,仅适用于空间受限或经常需从脱除器底部清污的场合。游离水脱除器脱出的游离水含油量应小于_____,原油内含水量一般不超过_____。

游离水脱除器的结构如图 3-11 所示,主要由壳体、分液板、金属波纹板聚结器、集油槽和集水槽等组成。

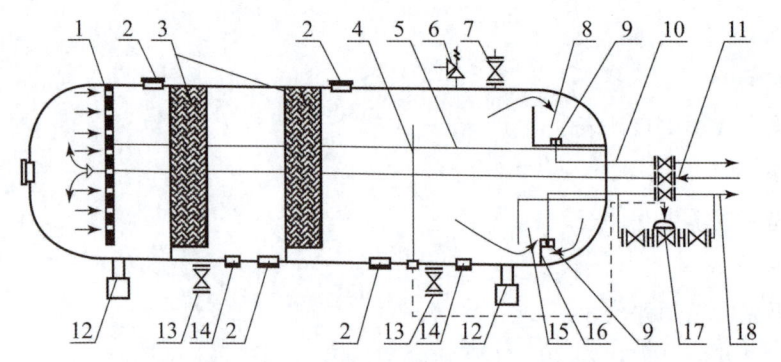

1—分液板;2—人孔;3—金属波纹板聚结器;4—油水界面测量仪;5—油水界面;6—安全阀;
7—放空阀;8—集油槽;9—破涡板;10—出油管;11—进油管;12—鞍式支座;13—排污阀;
14—手孔;15—集水槽;16—隔板;17—自动调节放水阀;18—出水管。

图 3-11　游离水脱除器的结构

2. 游离水脱除器的工作原理

问题引导2：游离水脱除器的工作过程是什么？

_____
_____
_____
_____
_____
_____
_____。

【任务实施】

1. 任务实施要求

（1）必须穿戴好劳动保护用品。

（2）工具、量具、用具准备齐全，正确使用。

（3）操作规程符合安全文明操作。

（4）按规定完成操作任务，质量达到技术要求。

（5）操作完毕，做到工完、料净、场地清。

2. 任务实施步骤（见表3-5）

表3-5 游离水脱除器操作任务工作单

（游离水脱除器操作）任务工作单					
姓名：		班级：		组号：	
分组情况					
序号	学号		姓名	角色	职责
工作过程					
序号	工作内容			完成情况		备注
1	设备准备					
2	材料准备					
3	工具准备					

续表

工作过程				
序号	工作内容	完成情况	备注
\multicolumn{4}{c}{开阀门姿势}			
4	人体位于阀门手轮侧面，随阀门位置高低不同，身体适当弯曲，取便于操作的姿势		
5	头部在阀门侧上方30 cm左右，目视阀门手轮及丝杠，双手握住手轮		
\multicolumn{4}{c}{开阀操作}			
6	左手握阀门手轮上部，右手握手轮下部，然后双臂用力按逆时针方向旋转手轮，并随时倒换手握位置再转，直到阀门开启完毕		
7	阀门打开后，将手轮回旋半圈		
\multicolumn{4}{c}{关阀操作}			
8	按开阀门姿势站好		
9	右手在上，左手在下，握住阀门手轮，双臂按顺时针方向旋转手轮直到旋不动为止		
10	收拾工具、清理场地		
11	遵守国家或企业有关安全规定		
出现问题			解决办法

【评价反馈】

1. 学生自评

学生扫码完成学生自评表。

2. 学生互评

学生扫码完成学生互评表。

3. 教师评价

教师扫码完成教师评价表。

子任务三　压力沉降罐的运行与维护

【任务描述】

　　压力沉降罐是目前常用的一种立式原油脱水沉降罐。原油脱水过程中使用压力沉降罐可以有效地将油水进行分离。安全、规范地操作压力沉降罐是原油脱水工的基本技能。

电脱水器

【工作准备】

　　1. 立式沉降罐

　　立式沉降罐的结构如图 3 – 12 所示。

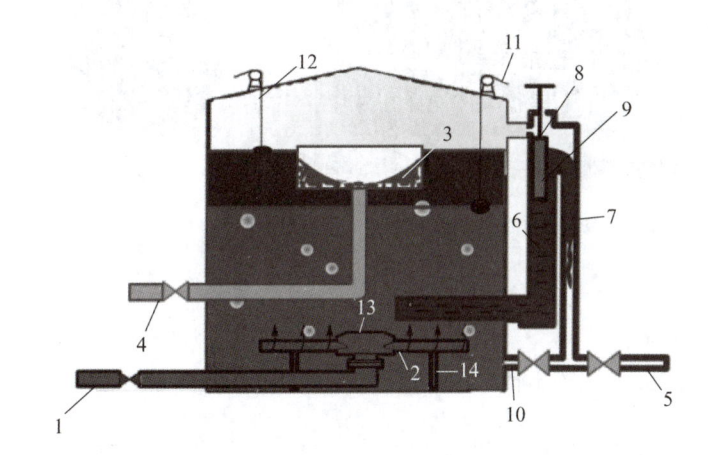

1—油水混合物入口；2—辐射状配液管；3—中心集油槽；4—出油管；
5—排水管；6—上行虹吸管；7—下行虹吸管；8—液力阀杆；9—液力柱塞阀；
10—排空管；11、12--油水界面和油水浮子；13—配液管中心汇管；14—配液管支架。

图 3 – 12　立式沉降罐的结构

　　这种沉降罐适合于＿＿＿＿＿＿＿＿＿＿＿＿＿＿情况。工作时，油水混合物经＿＿＿＿＿＿＿＿＿通过＿＿＿＿＿＿＿＿进入罐底部的水层内，其中的游离水、破乳后粒径较大的水滴、盐类和亲水固体杂质等在＿＿＿＿＿＿的作用下并入水层；原油及其携带的粒径较小的水滴在＿＿＿＿＿＿作用下，不断向上运动，且水分不断从油中沉降出来；当原油上升到沉降罐上部液面时，其含水率大为减少，经＿＿＿＿＿＿通过排出管排出。沉降罐底部的污水，经由液力柱塞阀控制上行虹吸管吸至一定高度后，通过下行虹吸管与排水管排出。

　　辐射状配液管离罐底高度一般为＿＿＿＿ m，在管底沿长度方向开有若干小孔，为了在罐截面上进料均匀，开孔的直径从罐中心向罐壁方向逐渐增大。

　　为了充分发挥破乳剂的作用，通常将沉降罐内排出的部分污水回掺到入口管线内，并要求从回掺点流至沉降罐的时间不小于＿＿＿＿ min。

93

根据原油性质的不同,有的需要增大底水层的高度,以增强_____作用;有的需要减小底水层的高度,以增强_____作用。这就需要调节和控制_____的位置。底水层的高度由装在上行虹吸管顶端的液力柱塞阀调节控制。当液力柱塞阀的柱塞向上运动时,污水流经柱塞和上行虹吸管间隙处的阻力减小,水层高度减小,油层高度增加;当液力柱塞阀的柱塞向下运动时,污水流经柱塞和上行虹吸管间隙处的阻力增大,水层高度增大,油层高度减小。这样,调节液力柱塞阀的柱塞位置就可在较大范围内调节沉降罐内油水界面的位置。

2. 卧式沉降罐

目前常用的卧式沉降罐的结构如图3-13所示。

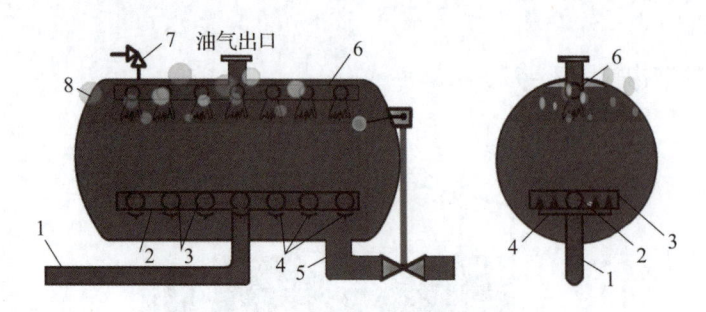

1—油水混合物入口;2—配液汇管;3—配液管;4—槽形板;

5—排水管;6—集油汇管;7—壳体;8—泄压阀;9—孔口。

图3-13 卧式沉降罐的结构

问题引导:卧式沉降罐的工作过程是什么?

_____
_____
_____
_____
_____
_____
_____。

【任务实施】

1. 任务实施要求

(1) 必须穿戴好劳动保护用品。

(2) 工具、量具、用具准备齐全,正确使用。

(3) 操作规程符合安全文明操作。

(4) 按规定完成操作任务,质量达到技术要求。

(5) 操作完毕,做到工完、料净、场地清。

2. 任务实施步骤（见表3-6）

表3-6 压力沉降罐操作任务工作单

（压力沉降罐操作）任务工作单					
姓名：		班级：		组号：	
分组情况					
序号	学号		姓名	角色	职责
工作过程					
序号	工作内容			完成情况	备注
1	设备准备				
2	材料准备				
3	工具准备				
操作步骤					
4	开双容积进口阀和上下室连通阀				
5	开单量换热器进、出口阀及热水循环阀				
6	开单井计量阀				
7	观察压力表变化，当压力达到0.2 MPa时，打开双容积分离器排气阀门				
8	当下室液位达到排液要求时，开启三通阀使下室排液，齿轮泵启动，完成一次排油				
停运步骤					
9	停泵状态下，关闭排液三通阀				
10	关单井计量阀				
11	关双容积分离器进口阀、气出口阀，关齿轮泵进、出口阀				
12	关单量换热器进、出口阀及热水循环阀				
13	收拾工具、清理场地				
14	遵守国家或企业有关安全规定				
出现问题					解决办法

【评价反馈】

1. 学生自评

学生扫码完成学生自评表。

2. 学生互评

学生扫码完成学生互评表。

3. 教师评价

教师扫码完成教师评价表。

子任务四　电脱水器的运行与维护

【任务描述】

电脱水器是保证原油脱水的重要设备，它是原油深度脱水工艺中的一项重要仪器。安全、规范地进行电脱水器操作是每一个脱水工必备的技能。

【工作准备】

1. 电脱水器的脱水原理

1）电泳聚结

问题引导1：什么是电泳聚结？

_____

_____

_____。

2）偶极聚结

诱导偶极是指_____。因为水滴两端同时受正负电极的吸引，故在水滴上作用的合力为零。水滴虽产生拉长变形，但在电场中不产生像电泳那样的运动，不过水滴的变形削弱了界面膜的机械强度，特别是在水滴两端界面膜的强度最弱。原油乳化液中许多两端带电的水滴像电偶极子一样，在外加电场中沿电力线方向呈直线排列形成"水链"，相邻水滴的正负偶极相互吸引。电的吸引力使水滴相互碰撞，合并成大水滴，从原油中沉降分离出来。这种聚结方式称为偶极聚结。显然，偶极聚结是在整个电场中进行的。

3）振荡聚结

水滴中常带有酸、碱、盐等各种离子。在工频交流电场中，电场方向每秒改变50次，水滴内各种正负离子不断地做周期性的往复运动，使水滴两端的电荷极性发生相应的变化。离子的往复运动使水滴界面膜不断地受到冲击，使其机械强度降低甚至破裂，水滴聚结沉降，这一过程称为振荡聚结。显然，水滴越_____，离子对界面膜的冲击作用越_____，振荡聚结的效果越_____。

对原油乳化液在电场中破乳过程的观察表明，在交流电场中破乳作用是在整个电场范围内进行的，这说明在交流电场内水滴以_____聚结和_____聚结为主；直流电场的破乳聚结，主要在电极附近的有限区域内进行，故直流电场以_____聚结为主、_____聚结为辅。

2. 交流、直流复合电脱水器

1）交流、直流复合电脱水器的结构

交流、直流复合电脱水器主要由进油管、预沉降室、进油槽、布油孔、电极、悬挂绝缘子、出油管、出水管和油水界面测量仪等组成，如图 3-14 所示。

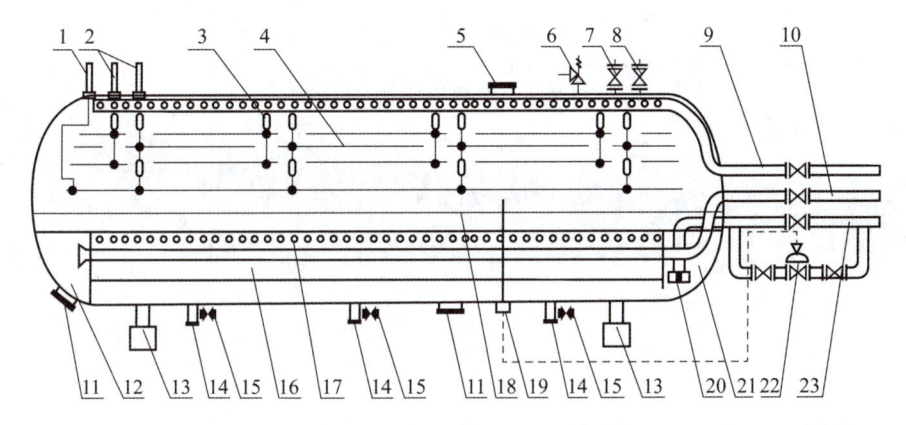

1—交流电极接线绝缘棒；2—直流电极接线绝缘棒；3—悬挂绝缘子；4—电极；5—透光孔；
6—安全阀；7—小放气阀；8—大放气阀；9—出油管；10—进油管；11—人孔；12—预沉降室；
13—鞍式支座；14—排砂口；15—放水口；16—进油槽；17—布油孔；18—油水界面；
19—油水界面测量仪；20—破涡板；21—排水室；22—油水界面调节阀；23—出水管。

图 3-14 交流、直流复合电脱水器的结构

2）交直流复合电脱水器的工作原理

问题引导 2：结合所学，解释说明交流、直流复合电脱水器的工作原理。

_____
_____
_____
_____ 。

3）电脱水器的技术参数

问题引导 3：电脱水器的技术参数有哪些？

_____
_____
_____
_____ 。

【任务实施】

1. 任务实施要求

(1) 必须穿戴好劳动保护用品。

(2) 工具、量具、用具准备齐全,正确使用。

(3) 操作规程符合安全文明操作。

(4) 按规定完成操作任务,质量达到技术要求。

(5) 操作完毕,做到工完、料净、清地清。

2. 任务实施步骤(见表 3-7)

表 3-7　电脱水器操作任务工作单

(电脱水器操作)任务工作单					
姓名:		班级:		组号:	
分组情况					
序号	学号		姓名	角色	职责
工作过程					
序号	工作内容			完成情况	备注
1	设备准备				
2	材料准备				
3	工具准备				
启动前检查工作					
4	检查系统各部件是否齐全完好,检查各设备是否达到启动要求				
5	按规定加药比配好破乳剂溶液				
6	各阀门开关灵活可靠,关闭电脱水器进出口阀、放水阀、排污阀,打开放气阀				
7	检查电脱水器各种仪表,安全阀应灵活好用;电脱水器及系统试压合格,达到规定的范围				
8	检查变压器、整流硅堆、可控硅调压装置等各种电器设备,安全门必须认真检查并有记录,达到投产要求				

续表

工作过程				
序号	工作内容		完成情况	备注
空载投运					
9	已运行过的电脱水器进行空载送电试验时,必须用蒸汽吹洗干净			
10	打开电脱水器人孔,在距离人孔 1 m 处设观察点			
11	确认电路和电器设备无问题且电脱水器内部无人时,装上熔断器,合闸刀			
12	按启动按钮空载送电。空载送电确认无问题后,按停止按钮,拉下闸刀,拔掉电脱水器主要电路上的大小熔断器,并挂上"勿送电"的警示牌			
进油操作					
13	封闭电脱水器人孔,检查流程和附件			
14	按照离心泵操作规程,启动脱水泵			
15	点燃加热炉,缓慢升温到 55~65 ℃			
16	打开电脱水器顶部大放气阀,向脱水器内进油。当油进到电脱水器容积的 3/4 时,关闭顶部大放气阀,打开小放气阀,放空排气,直到电脱水器放空见油后,立即关闭放气阀			
17	当电脱水器压力上升到 0.3 MPa 时,打开电脱水器放水阀,调整电脱水器压力,稳压 5 min 后进行试压检漏			
18	将压力控制在 0.2~0.28 MPa 之间,进行第二次排气,确认电脱水器内无气体后关闭放气阀。关闭梯门,挂上高压危险牌。装上熔断器,合闸刀			
19	按启动按钮送电试运行。电脱水器送电要缓慢,调整电位器,使电压达到设计参数为止			
停运操作					
20	提前 0.5 h 停运电脱炉,逐渐降低预停电脱水器处理量,按停止按钮,拉开刀闸,打开梯门。拔掉电脱水器主要电路上的大小熔断器,并挂上"勿送电"的警示牌。打开安全门,确认硅堆、变压器及安全变压器无电。挂上"停运"的警示牌,做好停运记录			

续表

工作过程				
序号	工作内容		完成情况	备注
停运操作				
21	收拾工具、清理场地			
22	遵守国家或企业有关安全规定			
	出现问题		解决办法	

【评价反馈】

1. 学生自评

学生扫码完成学生自评表。

2. 学生互评

学生扫码完成学生互评表。

3. 教师评价

教师扫码完成教师评价表。

子任务五 稳定塔的运行与维护

【任务描述】

原油稳定的主要设备是稳定塔，主要包括闪蒸分离稳定塔和分馏塔。经过稳定塔之后的原油能够在储存和运输过程中降低损失。稳定塔按其内部结构不同分为板式塔和填料塔两大类。安全、规范地操作稳定塔是原油稳定岗工作人员的重要技能。

【工作准备】

1. 原油稳定塔的结构

原油稳定设备的结构必须适应其工艺特点。对负压闪蒸原油稳定塔来说，一是操作压力低于大气压 1 atm = _____ kPa，操作温度也较低；二是在稳定过程中，液相负荷大于气相负荷。此外，在闪蒸时，气相基本上在进料口处已大部分逸出，随着液体向下流动脱出的气越来越_____。

负压闪蒸分离效果的好坏取决于_____和_____，这与分馏不同。在负压闪蒸过程中，不会出现多次反复的气液传质过程，因而负压闪蒸原油稳定塔的结构除了满足塔内压降小、结构简单等一般要求外，为了提高塔的效率，对蒸发面积和闪蒸时间应有足够的保证，以促使一次汽化的完成。

目前，各油田采用的负压闪蒸原油稳定塔大多是_____，塔内设置数层_____。为了能达到比较好的分离效果，在塔的结构设计上有以下特点。

1）塔的进料采用喷淋装置

常用的喷淋装置有筛孔式和多孔盘管式等，如图 3-15 和图 3-16 所示。

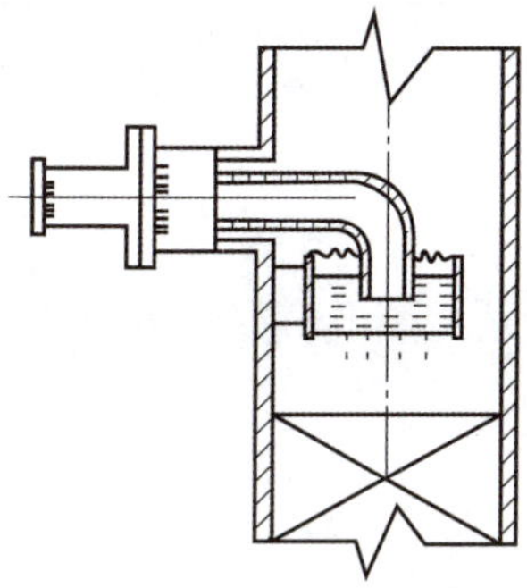

图 3-15　筛孔式喷淋器 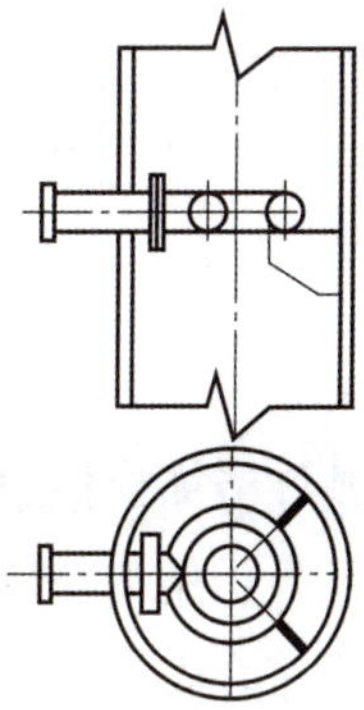　　　　　　　图 3-16　多孔盘管式喷淋器

问题引导 1：设置喷淋装置的主要目的是什么？
_____
_____
_____。

2）负压闪蒸原油稳定塔大多采用筛板塔

在负压闪蒸原油稳定塔内，气相负荷往往只有进料量的 1%（质量分数）左右。塔内液相负荷远大于气相负荷，因此负压闪蒸原油稳定塔的塔板设计不同于常规蒸馏塔的塔板。在这里，重要的是_____。

问题引导 2：目前，矿场大多采用筛板塔的原因是什么？
_____
_____
_____。

问题引导 3：负压闪蒸原油稳定塔的筛板设计也不同于其他传质过程的筛板吗？
_____
_____
_____

_____

_____

_____。

2. 负压闪蒸原油稳定塔的工作原理

问题引导4：负压闪蒸原油稳定塔的工作过程是什么？

_____

_____

_____。

【任务实施】

1. 任务实施要求

(1) 必须穿戴好劳动保护用品。

(2) 工具、量具、用具准备齐全，正确使用。

(3) 操作规程符合安全文明操作。

(4) 按规定完成操作任务，质量达到技术要求。

(5) 操作完毕，做到工完、料净、场地清。

2. 任务实施步骤（见表3-8）

表3-8　负压闪蒸原油稳定塔启动操作任务工作单

（负压闪蒸原油稳定塔启动操作）任务工作单					
姓名：		班级：		组号：	
分组情况					
序号	学号		姓名	角色	职责
工作过程					
序号	工作内容			完成情况	备注
1	设备准备				
2	材料准备				
3	工具准备				
4	关闭各处放空阀，再一次检查确认各设备、管线、仪表等均处于良好待运行状态				

续表

工作过程				
序号	工作内容		完成情况	备注
5	开通进冷凝冷却器的冷却水，启动负压压缩机，抽出稳定塔和管线内的空气，经压缩进入冷凝冷却器、三相分离器，自三相分离器顶部放空阀排出			
6	待压力降到 0.07 MPa 左右时打开进料阀，将来料引入负压闪蒸原油稳定塔，逐渐建立液面，待液面高度达到设计预定值后，改手动作为仪表控制			
7	关闭三相分离器顶部的放空阀，未凝气进入低压气管网			
8	未凝气进入低压气管网，塔底原油进入储油罐			
9	收拾工具、清理场地			
10	遵守国家或企业有关安全规定			
出现问题			解决办法	

【评价反馈】

1. 学生自评

学生扫码完成学生自评表。

2. 学生互评

学生扫码完成学生互评表。

3. 教师评价

教师扫码完成教师评价表。

子任务六　分馏塔的运行与维护

【任务描述】

　　分馏稳定的主要设备是分馏塔，它可以将原油中的不同成分按照沸点不同进行单独储存。因此分馏塔的正确操作是原油稳定岗的基本技能之一。

【工作准备】

1. 分馏塔的结构

完整的分馏塔包括_____、_____、_____、_____几个部分。分馏法需要有良好的气液传质过程，以保证原油在塔内能比较完全地将其中的 C3 和 C4 组分分离出来，而又不带走过多的 C5 以上组分，即原油在塔内是按_____原理操作的。因此，塔的结构必须能促成良好的气液传质。从多年来的生产实践看，浮阀塔能较好地适应常压、负压下的精馏操作。

图 3-17 所示为浮阀塔的结构示意。

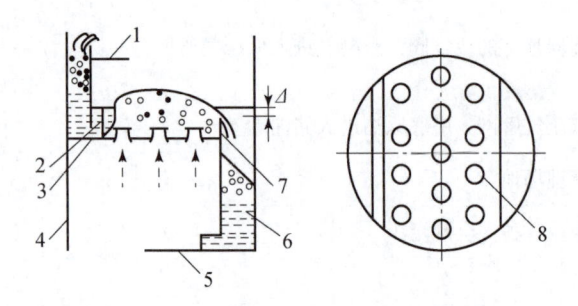

1—上层塔板；2—进口堰；3—塔板；4—塔壁；5—下层塔板；6—降液管；
7—溢流堰；8—盘式浮阀。

图 3-17　浮阀塔的结构示意

浮阀塔板是在带降液管的塔板上开有许多孔作为气流通道，孔上方设有可上下浮动的阀片，上升的气流经过阀片自下而上吹起浮阀，从浮阀周边水平地吹入塔板上液层，与塔板上横向流过的液相接触，进行传质；液体则由上一层塔板的降液管流入，经进口堰均匀分布，再横向流过塔板，与气相接触传质后，经溢流堰和降液管流入下面一层塔板。

2. 分馏塔的工作原理

原油的精馏是在分馏塔内完成的，其结构示意如图 3-18 所示。

问题引导：分馏塔的精馏原理是什么？

_____
_____
_____
_____
_____
_____。

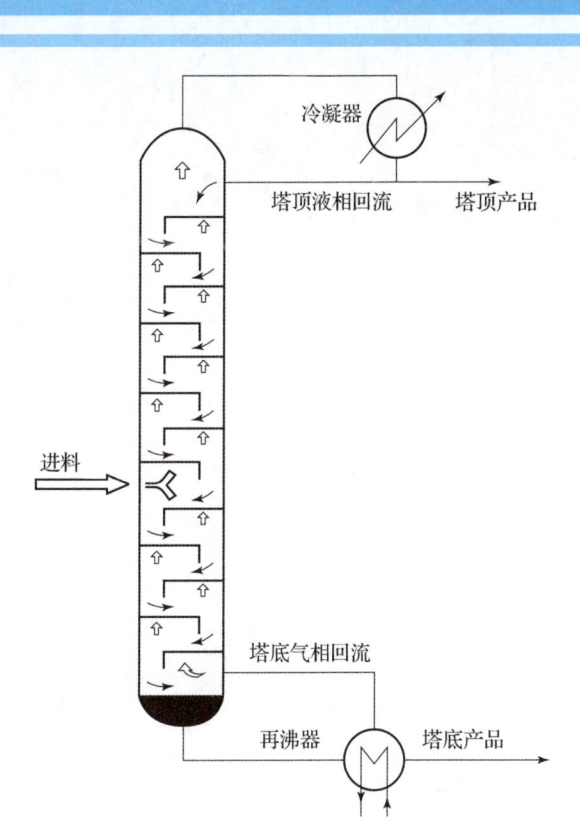

图 3-18　分馏塔的结构示意

【任务实施】

1. 任务实施要求

(1) 必须穿戴好劳动保护用品。

(2) 工具、量具、用具准备齐全,正确使用。

(3) 操作规程符合安全文明操作。

(4) 按规定完成操作任务,质量达到技术要求。

(5) 操作完毕,做到工完、料净、场地清。

2. 任务实施步骤(见表 3-9)

表 3-9　分馏塔稳定停车操作任务工作单

(分馏塔稳定停车操作)任务工作单					
姓名:		班级:		组号:	
分组情况					
序号	学号		姓名	角色	职责

续表

工作过程				
序号	工作内容		完成情况	备注
1	设备准备				
2	材料准备				
3	工具准备				
临时停车				
4	来料通过旁通管线进原油储罐		
5	关闭稳定塔进料阀，停止塔顶和塔底的产品排出，进行全回流操作		
6	适当减少冷却水流量和再沸器加热量，全塔处于保温保压状态		
7	收拾工具、清理场地		
8	遵守国家或企业有关安全规定		
长期停车				
9	来料通过旁通管线进原油储罐，关闭稳定塔进料阀，停止塔顶和塔底的产品排出		
10	停止再沸器加热、冷却水循环和仪表供风等		
11	关闭未凝气出口截断阀、调节阀、流量计与各仪表的截断阀		
12	利用余压把塔底的原油压入原油储罐，把三相分离器、回流罐内的轻油压入轻储罐，把三相分离器内的污水压入污水处理系统		
13	用蒸汽扫线，扫尽管线、换热器、稳定塔、三相分离器、回流罐等设备内的存油		
14	收拾工具、清理场地		
15	遵守国家或企业有关安全规定		
出现问题				解决办法

【评价反馈】

1. 学生自评

学生扫码完成学生自评表。

2. 学生互评

学生扫码完成学生互评表。

3. 教师评价

教师扫码完成教师评价表。

模块四　污水处理站操作与管理

污水处理站是油气生产各环节中油田污水的集中处理站，它担负着污水净化的重要任务。本模块包括污水处理岗位操作与管理、污水处理站设备运维岗位操作与管理和污水化验岗位操作与管理三个任务。在明确任务后，通过学习、理解相关岗位职责、工艺流程、设备结构原理、设备操作维护保养等内容，完成污水处理站的相关工作。

任务一　污水处理岗位操作与管理

【任务描述】

污水处理站主要完成油田含油污水的除油、杀菌、缓蚀等基本处理过程。本任务要求熟悉污水处理岗位的职责与安全要求，熟悉油田常见污水处理流程，并能够根据工艺条件选择合适的污水处理流程。

> **小贴士**
> 污水处理是实现资源循环利用的基础，同时也是进行环境保护的基本要求，是践行"绿水青山就是金山银山"的实际行动。

【任务目标】

（一）知识目标

1. 熟悉污水处理岗位的职责；
2. 熟悉污水处理岗位的安全要求；
3. 了解污水处理的常见工艺流程；
4. 熟悉含油污水处理方式；
5. 掌握污水处理原理和几种油田常用的污水处理流程。

（二）技能目标

1. 能安全、规范地进行污水处理作业；
2. 能绘制污水处理工艺流程图。

（三）素质目标

1. 树立"绿水青山就是金山银山"的观念；
2. 树立绿色发展观念，提升保护、节约意识；
3. 养成高效的工作作风；
4. 培养乐于助人、互助合作的职业精神。

子任务一　污水处理岗位职责与要求认知

【任务描述】

污水处理岗位是保证油气安全、顺利运输的重要岗位之一。该岗位负责原油、天然气输送过程中污水的处理，应掌握绘制和识读污水处理站相关设计图纸的基本技能，将岗位职责牢记于心，在日常污水处理过程中践行岗位职责。

【工作准备】

1. 污水处理班长的职责

（1）装置运行班长是当班时，区域装置安全生产和运行管理负责人，在总调和运行总监的领导下，严格遵守上级各项规章制度和技术规程，认真执行生产、质量、安全、环保指令，全面负责本班的生产管理和其他各项管理工作，指挥当班生产和事故处理，坚持"安全第一"的生产方针，组织带领全班人员全面完成本班的生产任务。

（2）负责组织好班组的安全生产，搞好班组内部协作，协助岗位人员处理生产中的各类问题。

（3）对岗位工作进行监督检查，对操作状态全面了解，加强岗位人员对关键工序的控制，搞好优化操作，确保水处理合格。

（4）认真执行巡回检查制，防止各类违章现象及事故的发生。

（5）搞好文明生产，组织安排本班人员全面完成车间下达的各项任务。

（6）严格遵守交接班制，开好交接班班会，积极开展周一安全活动。

（7）不断加强班组管理工作，认真做好相关的各类记录及各类记录的保管工作。

（8）组织全班人员进行政治、业务学习和安全、环保活动，从严管理，抓好班组建设。

（9）严格执行各项规章制度，严格遵守劳动纪律和工艺纪律，认真做好班内的考勤，并对班员进行工作成绩考核，做好班组人员的奖金分配工作。

（10）组织本班人员岗位练兵和事故预案演练，提高业务技能，熟练处置各类事故预案。

2. 污水处理员的安全要求

（1）严格执行各项规则制度，不得随意更改要求。

（2）在排除故障和正常维护过程中要注意安全（人身安全、设备安全），要认真仔细、思路清晰，不得盲动，避免事故的发生和扩大化。

3. 污水处理员的职责

（1）负责污水处理工作。

（2）熟悉污水处理的工艺流程和工艺参数，掌握各种设备的工作原理、性能和作用。

（3）充分了解各种自控仪表的故障属性以及简单的排除方法，建立每台设备的维护档案，方便设备的管理和故障的排除。

（4）负责《班前班后会议记录》的记录工作。

（5）负责月度生产计划的编制工作。

（6）负责生产作业计划的调整工作。

（7）负责生产过程中的调度管理工作。

（8）负责工艺参数和作业计划的下达工作。

（9）负责工艺规程、内控工艺和工艺路线的编制工作。

（10）负责特殊操作的现场指挥工作。

【任务实施】

1. 任务实施要求

（1）明确岗位职责。

（2）明确岗位安全要求。

2. 任务实施步骤（见表4-1）

表4-1 污水处理岗位任务工作单

\multicolumn{4}{c}{（污水处理岗位）任务工作单}
\multicolumn{4}{c}{工作过程}
序号	工作内容	掌握情况	备注
1	熟记污水处理班长的职责		
2	熟记污水处理员的安全要求		
3	熟记污水处理员的职责		
\multicolumn{2}{c}{出现问题}	\multicolumn{2}{c}{解决办法}
\multicolumn{2}{c}{}	\multicolumn{2}{c}{}

【评价反馈】

1. 学生自评

学生扫码完成学生自评表。

2. 学生互评

学生扫码完成学生互评表。

3. 教师评价

教师扫码完成教师评价表。

子任务二　污水处理工艺流程图绘制

【任务描述】

对于注水方式开发的油田，随着油田开发到了中后期，油井采出液含水量逐渐升高（有些油田的综合含水率已达90%），油井采出液在初加工处理过程中，必须将水脱出。脱出的水中主要污染物为原油，此污水是在油田开发过程中产生的，因此称为油田含油污水。一般含油污水处理的过程包括沉降、撇油、凝絮、浮选、过滤、加阻垢剂、防腐、杀菌及其他化学药剂等。

【工作准备】

1. 基础知识

1）浮油

浮油的粒径为_____，污水中上浮时间仅为_____ min。含油污水中，浮油占25%~50%，它很容易被去除。

2）分散油

分散油的粒径为_____，污水中分散油尚未形成水化膜，相互碰撞可以聚结成大的油滴，在污水中上浮时间较长，一般为_____ h 以上。为加快分散油在污水中的上浮速度，污水处理时要加入混凝剂。

3）乳化油

乳化油的粒径为_____，具有一定的稳定性，不能单纯用静止法去除，必须投加破乳剂和混凝剂。

4）溶解油

溶解油的粒径为_____，含油污水中，溶解油仅占1%以下。在含油污水处理过程中，也会除去一定比例的溶解油，但不作为污水处理的主要对象，在净化水中主要含溶解油。

5）重力分离除油

含油污水从管口以一定速度流出后，垂直向上的分速度使油珠被水流夹带而出，也产生向上的分速度。此外，由于油、水密度不同，还会产生自身的上浮力，实现油水分离。重力分离除油主要是去除_____。

6）物理化学除油

利用物理和化学的方法去除污水中所含的原油微粒，即利用斜板除油的同时，可以向水中投加絮凝剂，加快油水分离速度。这种方法可以去除_____。

7）粗粒化除油

使含油污水通过一个装有填充物（粗粒化材料）的装置，当污水流经粗粒化材料时，使污水中细微的分散油和乳化油吸附在粗粒化材料上。随着吸附的油珠逐渐增多，油珠变大；由于重力和水流冲击等原因，使油珠脱离粗粒化材料表面，最后靠油水密度差浮到水面，从而达到除油的目的。含油污水通过粗粒化材料的聚结过程分为截留、油珠附于多孔介质表面和聚结油从介质表面剥离三个阶段。粗粒化处理的主要对象是_____。

8）过滤除油

过滤是指污水流过较厚（700 mm 左右）而多孔的石英砂或其他粒状物质的过滤床后，油、杂质就被留在这些介质的孔隙里或这些介质表面，从而使水得到进一步进化的过程。过滤不但能除去水中的油、悬浮物和胶体物质，而且可以除去细菌、藻类、病毒、铁和锰的氧化物、放射性颗粒等其他多种物质。其机理可分为吸附、絮凝、沉淀、截留四个方面。

9）浮选除油

浮选除油又称气浮选，即在含油污水中通入空气（或天然气）并设法使水中产生微细的气泡。有时还需要根据水质情况加入浮选剂或混凝剂，使污水中粒径为 0.25~25 μm 的乳化油和分散油或水中悬浮颗粒黏附在气泡上，随气泡一起上浮到水面，并加以回收，从而达到除油和悬浮物的目的。

10）活性炭吸附除油

活性炭是一种吸附剂，其表面吸附力可以分为三种，即分子引力、化学键力和静电引力，因此吸附可分为物理吸附、化学吸附和离子交换吸附。

11）生物除油

利用微生物分解氧化有机物的这一功能，采取一定的人工措施创造有利于微生物生长、繁殖的环境使微生物大量增殖，形成微生物群体。微生物群体在生物滤池依靠生物膜的吸附氧化作用去除原油和有机物。生物除油主要是去除污水中的溶解油（分散油）。

12）电磁除油

电磁除油是利用强大的磁场，将污水中的原油从污水中分离出来，从而达到油水分离的目的。工业上通常采用直径约为 100 μm 的钢毛（材质为不锈钢）作为聚磁基质；钢毛填充率采用 5% 为宜，填充厚度为 15~25 cm，用于产生高磁场梯度，分离磁性物质或顺磁物质，其效率可达85%~98%。对于水中非磁性物质，可通过投加磁种（如200~1 000 mg/L 磁铁粉 Fe_3O_4）和混凝剂，在磁场作用下产生絮凝作用，使杂质随着磁种一起受磁力作用而分离出来。实验表明，高梯度磁分离器还可以去除细菌、色素、黏土和藻类。

13）旋流除油

水力旋流器是利用油水密度差，在液流调整旋转时受到不同离心力的作用而实现油水分离。含油污水切向或螺旋向进入圆筒涡旋段，并沿旋流管轴向螺旋态流动。在同心缩径段，由于圆锥截面的收缩，使流体增速，并促使已形成的螺旋流态向前流动，由于油、水的密度差，使水沿着管壁旋流，而油珠移向中心。流体进入细锥段，截面不断缩小，流速继续增大，小油珠继续移到中心汇成油芯。流体进入平行尾段，由于流体匀速流动，对上段产生一定的回压，使低压油芯向溢流口排出。

高速旋转的物体会受到离心力。含悬浮物（或分散油）的水在高速旋转时，由于颗粒和水的质量不同，因此受到的离心力大小也不同；质量大的被甩到外围，质量小的则留在内围，通过不同的出口分别导引出来，从而回收了水中的悬浮颗粒（或分散油），并净化了水质。

2. 污水处理站流程示例

1）自然除油→混凝除油→过滤流程（三段处理流程）

该流程也称重力式污水处理流程，如图4-1所示。该流程主要解决油田开发初期脱水站脱出水的油水分离问题，实现污油回收，并将处理后的水回注高渗透油层（其中过滤形式有重力和压力两种）。该工艺通过多年的设计研究和生产运行总结，已形成一套从理论到实践较为完整的处理技术。

该流程对含油污水的处理过程是：_____。

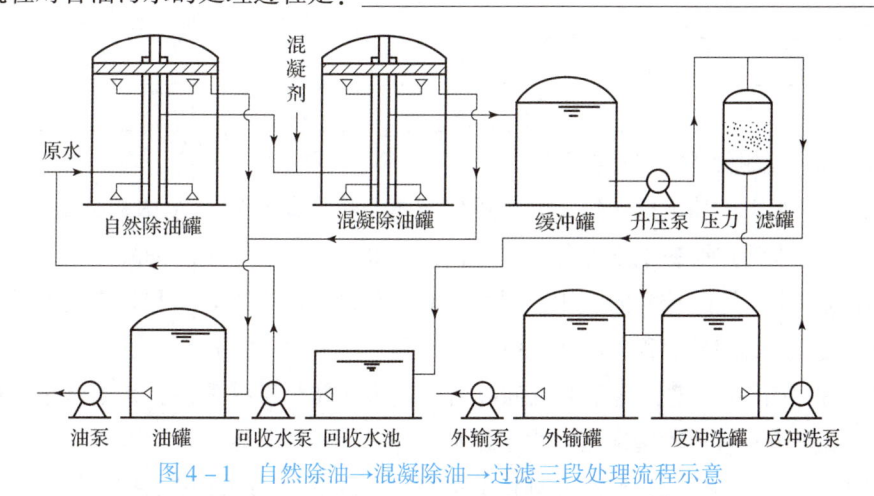

图4-1 自然除油→混凝除油→过滤三段处理流程示意

问题引导1：请结合图4-1，解释说明三段处理流程及适用条件。

_____

_____

_____

2) 混凝除油→过滤流程（二段处理流程）

随着脱水站破乳剂质量的提高及脱水技术的发展，脱水站脱出的采出水中含油量已大幅度降低，经过一次除油罐处理后的采出水中，含油量在正常情况下已能达到 100 mg/L 以下。因此在 1974 年以后设计的一部分污水处理站采用了二段处理流程，即改为"混凝除油→重力式石英砂过滤"流程。典型的二段处理流程示意如图 4－2 所示。

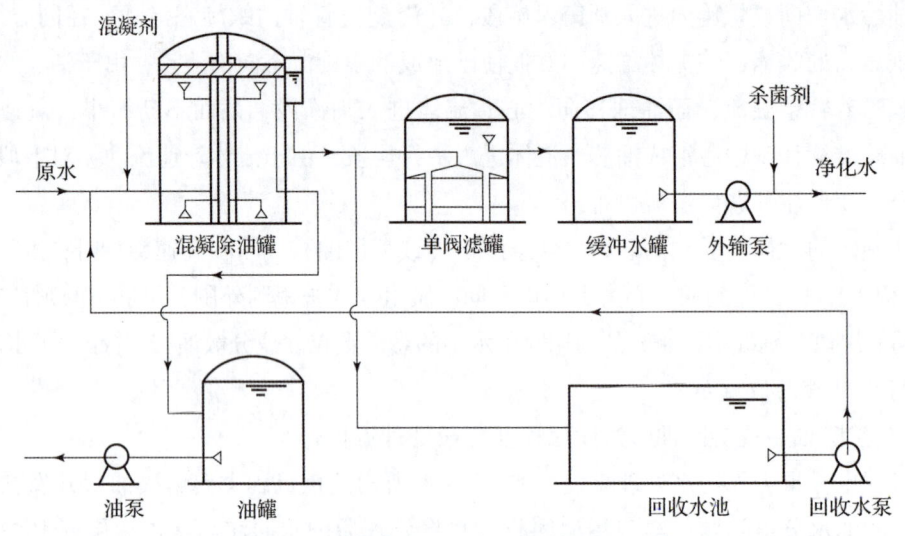

图 4－2　混凝除油→过滤二段处理流程示意

问题引导 2：请结合图 4－2，解释说明二段处理流程及适用条件。

_____

_____

_____

_____。

3) 粗粒化→混凝除油→过滤流程

粗粒化技术是大庆油田率先研究和使用的技术，主要是针对污水中的分散油和乳化油，使小油珠聚结成大油珠而易于重力分离，从而提高处理效率、缩小除油罐体积、缩短建设周期、节省基建投资。这一技术的应用对提高当时处理设备的处理效果和处理能力具有显著的技术经济意义。其典型的流程如图 4－3 所示。

20 世纪 80 年代中后期，由于大批油井由自喷采油转为机械采油，采出水中出现大量泥砂，粗粒化装置因易被泥砂堵塞而失去了粗粒化作用，故该技术的应用终止。

污水中大量泥砂的出现，使水处理由原来的油、水两相分离改为油、泥、水三相分离，为此恢复了一次除油罐，也使沉寂多年的斜板沉降技术在油田重新得到应用。

4) 旋流除油→聚结（粗粒化）分离→压力沉降→压力过滤流程

该流程也称压力式污水处理流程，如图 4－4 所示。它是 20 世纪 80 年代后期和 90 年代初发展起来的，加强了流程前段除油和后段过滤净化。

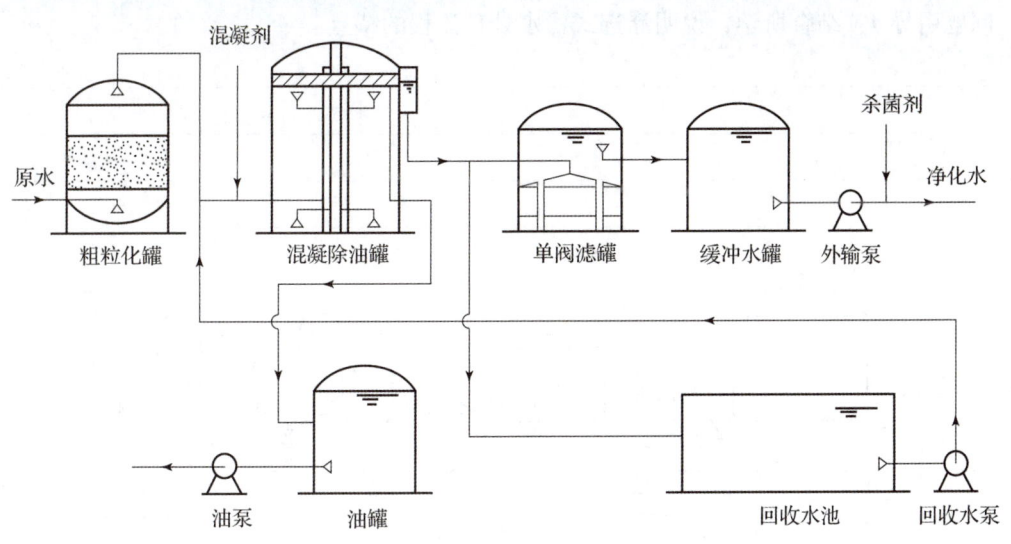

图 4-3 粗粒化→混凝除油→过滤流程示意

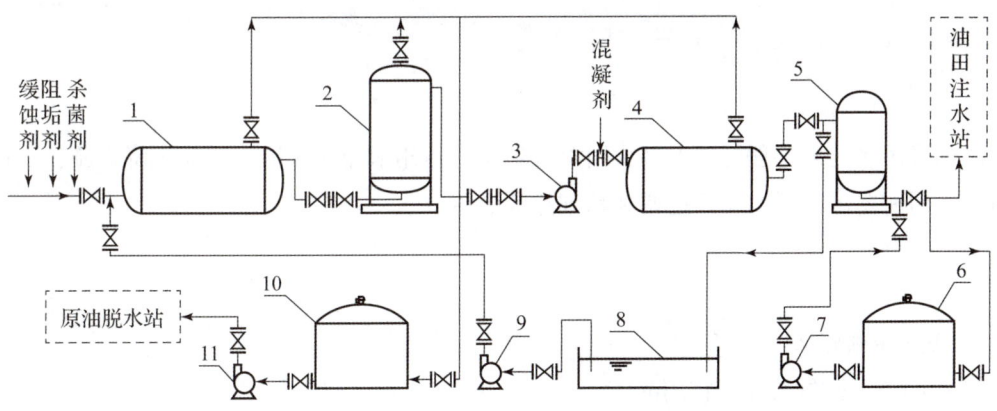

1—旋流除油器；2—粗粒化罐；3—升压泵；4—压力沉降罐；5—压力过滤罐；
6—反冲洗罐；7—反冲洗泵；8—回收水池；9—回收水泵；10—收油罐；11—油泵。

图 4-4 旋流除油→聚结分离→压力沉降→压力过滤流程示意

问题引导 3：请结合图 4-4，解释说明压力式污水处理流程及适用条件。

_____

_____

_____ 。

5）溶气浮选除油→射流浮选除油→压力过滤→精细过滤流程

该流程又称浮选式污水处理流程，如图 4-5 所示。20 世纪 90 年代初，随着聚合物驱油技术的推广，在水驱污水中也发现含有聚合物，油水分离的难度加大。气体浮选就是将大量的小直径气泡注入水中，气泡与悬浮在水流中的油滴接触，使它们像泡沫一样上升到水面。为此，在借鉴国外污水处理技术的基础上，结合国内各油田的实际需要，发展了浮选式污水处理流程。

问题引导4：结合所学，说明浮选式污水处理流程的特点。

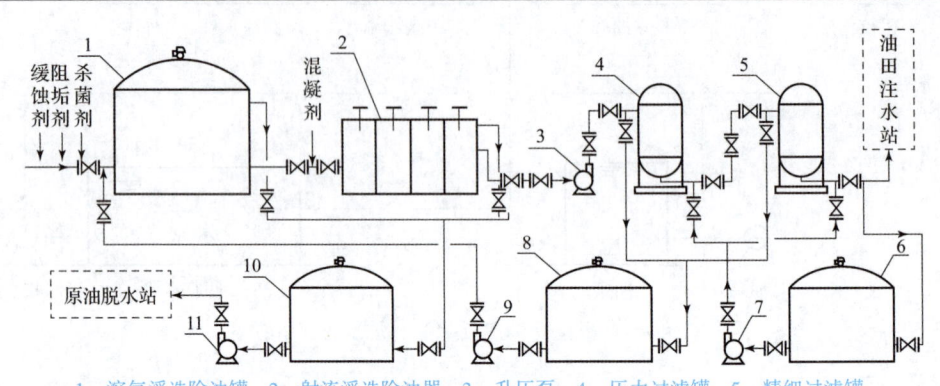

_____

_____

_____。

1—溶气浮选除油罐；2—射流浮选除油器；3—升压泵；4—压力过滤罐；5—精细过滤罐；
6—反冲洗管；7—反冲洗泵；8—回收水罐；9—回收水泵；10—收油罐；11—油泵。

图4-5 浮选式污水处理流程示意

浮选式污水处理流程首端大多采用溶气浮选，再用射流浮选取代混凝沉降设施，后端根据净化水回注要求，可设一级过滤和精细过滤装置。

【任务实施】

1. 任务实施要求

（1）必须穿戴好劳动保护用品。

（2）工具、量具、用具准备齐全，正确使用。

（3）操作规程符合安全文明操作。

（4）按规定完成操作任务，质量达到技术要求。

（5）操作完毕，做到工完、料净、场地清。

2. 任务实施步骤（见表4-2、表4-3）

表4-2 沉降罐的投运操作任务工作单

（沉降罐的投运操作）任务工作单				
姓名：		班级：		组号：
分组情况				
序号	学号	姓名	角色	职责

续表

\multicolumn{4}{c}{工作过程}
序号	工作内容	完成情况	备注
1	设备准备		
2	材料准备		
3	工具准备		
4	打开罐底及收油槽内的采暖伴热管线阀门		
5	关闭罐出口阀、排污阀和出、进口连通阀		
6	打开罐进口阀,缓慢向罐内进液,让液体从进口管道进入中心反应筒后,再从反应筒进罐		
7	进液量达到 1/2 时,停止进液,观察罐体及基础下沉情况		
8	继续进液,待液位升到设计高度时,打开出口阀和平衡连通阀,调整液位高度阀,并检查阀件、罐体、基础等部位是否正常		
9	取出口水样检查水质情况		
10	做好投运记录		
11	收拾工具、清理场地		
\multicolumn{2}{c}{出现问题}	\multicolumn{2}{c}{解决办法}

表 4-3 污水处理工艺流程图绘制任务工作单

\multicolumn{5}{c}{(污水处理工艺流程图绘制)任务工作单}
\multicolumn{2}{c}{姓名:}	班级:	\multicolumn{2}{c}{组号:}
\multicolumn{5}{c}{分组情况}
序号	学号	姓名	角色	职责

117

续表

\multicolumn{4}{c}{工作过程}			
序号	工作内容	完成情况	备注
1	设备准备		
2	材料准备		
3	工具准备		
4	根据工艺流程图的大小和绘图比例选择图幅		
5	用铅笔画出工艺流程图的边框，以边框到图纸各边留 15 mm 为准		
6	在图纸上边留出 25~100 mm 的工艺流程图名称位置		
7	在图纸的下边根据需要留出 100 mm 左右的标题栏和管线及管件的标注栏		
8	绘制工艺流程图草图		
9	检查无误后用碳素绘图笔描图		
10	用细绘图笔在管线上规范画出走向，在设备上填写名称，采用切割法对管线和管件进行排序编号		
11	依据管线编号在标注栏内填写管线编号、名称及规格、单位数量等，必要时填管径和标高		
12	在标题栏内填写相关内容		
13	收拾工具、清理场地		
14	遵守国家或企业有关安全规定		

出现问题	解决办法

【评价反馈】

1. 学生自评

学生扫码完成学生自评表。

2. 学生互评

学生扫码完成学生互评表。

3. 教师评价

教师扫码完成教师评价表。

任务二　污水处理站设备运维岗位操作与管理

【任务描述】

污水处理站设备主要用于污水除油，使净化水指标能够满足生产工艺的要求。本任务要求熟悉污水处理站设备运维岗位职责及过滤罐的基本操作，会进行过滤及反冲洗操作。

> 小贴士
>
> 　　一切从实际出发，理论联系实际，实事求是，是我们党认识、分析和处理问题所遵循的最根本的指导原则和思想基础。在污水处理站设备运行过程中，对设备的故障判断、原因分析、维修处理等，往往需要理论联系实际，综合分析判断，解决问题。

【任务目标】

（一）知识目标

1. 熟悉设备运维岗位的职责；
2. 熟悉设备运维岗位的安全要求；
3. 掌握除油罐的结构与工作原理；
4. 熟悉滤料和过滤层；
5. 掌握过滤罐的结构与工作原理。

（二）技能目标

1. 能安全规范地进行设备运维岗位作业；
2. 能熟练进行污水处理站除油罐的操作；
3. 能熟练进行污水处理站过滤罐的操作；
4. 能对过滤罐进行反冲洗操作。

（三）素质目标

1. 养成理论联系实际、实事求是的工作习惯；
2. 培养吃苦耐劳、勇挑重担的良好品质；
3. 培养创新意识和思维；
4. 培养诚实守信的职业道德。

子任务一　设备运维岗位职责与要求认知

【任务描述】

　　污水处理站设备运维岗位是保证油气安全、顺利运输的重要岗位之一。该岗位负责原油、天然气输送过程中污水处理站的设备维护，要求设备管理人员按照管理方法和操作规程精心管理、安全操作，保证各种设备高效、低耗地发挥其作用。每一个从业者都应该将岗位职责牢记于心，在日常设备维护中践行岗位职责。

【工作准备】

　　1. 设备运维班长的职责
　　（1）负责污水处理站所有设备的管理工作。
　　（2）负责所辖设备的结构性能、技术规范和有关操作规程的管理工作。
　　（3）负责定期对用电设备进行保养、除尘的工作。
　　（4）负责用电设备的验收接管工作。
　　（5）负责设备的维修工作。
　　（6）负责污水处理站内设备的正常运行工作。
　　2. 设备运维员的安全要求
　　（1）操作电器设备开关时，应遵守安全用电操作规程，防止设备损坏和伤亡事故。
　　（2）各种设备维修时必须断电。
　　（3）维修设备过程中应挂维修标示牌，提醒人们注意，防止其他人员合闸误操作，造成人身伤亡事故。
　　（4）遇雨天在构筑物及设备上巡视和操作时应注意防滑。
　　（5）人工清理罐体时应注意操作安全，防止闪爆，并进行有效的监护。
　　3. 设备运维员的职责
　　（1）必须熟悉本站处理工艺和设施、设备的运行要求与技术指标。
　　（2）应该要求经常巡视检查构筑物、设备、电器和仪表的运行情况。
　　（3）必须加强水质和污泥处理设备的管理。
　　（4）每天应按时做好运行记录，数据应准确无误。
　　（5）发现运行不正常时，应及时处理或反馈。
　　（6）露天和室内的所有设备都必须做好清污处理，应经常检查设备的油封水封等，避免水、泥、气泄漏，保证设备的运转效率，防止设备被腐蚀。
　　（7）汛期应加强设备巡视，增加设备清污次数。
　　（8）污水处理站的设备、设施的完好率应达到95%以上，各种机械设备要保持清洁、无漏水、无漏气等。

（9）启动电器设备应检查有无异常，做好启动准备工作。

（10）各类泵在运行过程中，根据要求绝不允许相关泵空载运行。

（11）根据不同机电设备要求，应定时检查添加或更换润滑油或润滑脂。通风廊道内保持清洁，严禁有任何物品。

【任务实施】

1. 任务实施要求

（1）明确岗位职责。

（2）明确岗位安全要求。

2. 任务实施步骤（见表4-4）

表4-4 设备运维岗位任务工作单

序号	工作内容	掌握情况	备注
\multicolumn{4}{c}{（设备运维岗位）任务工作单}
\multicolumn{4}{c}{工作过程}
1	熟记设备运维班长的职责		
2	熟记设备运维员的安全要求		
3	熟记设备运维员的职责		
\multicolumn{2}{c}{出现问题}	\multicolumn{2}{c}{解决办法}

【评价反馈】

1. 学生自评

学生扫码完成学生自评表。

2. 学生互评

学生扫码完成学生互评表。

3. 教师评价

教师扫码完成教师评价表。

子任务二　除油罐的运行与维护

【任务描述】

含油污水处理设备是实施高效污水处理工艺流程的关键。采用高效含油污水处理设备，不但能保证污水处理质量，而且使用较少的设备就能达到同样的污水处理效果，从而减少工程量，降低工程投资。

在三段式常规污水处理流程中，立式除油罐为第一段处理设备；混凝除油罐、斜板（管）式除油罐、粗粒化罐、气浮机、旋流分离器等为第二段处理设备，根据油田情况进行选配；压力过滤罐为第三段处理设备。经三段处理后，一般能达到中、高渗透率地层注水水质要求。对低渗透地层，还需要在三段式下游增加精细处理设备。

【工作准备】

1. 立式除油罐

立式除油罐也称自然除油罐，如图4-6所示，是油田上使用最广泛的含油污水处理初级设备。其主要是利用_____达到油水分离的目的。用该方法除油，需要有较大的油水分离容器，以便提供足够的沉降时间。

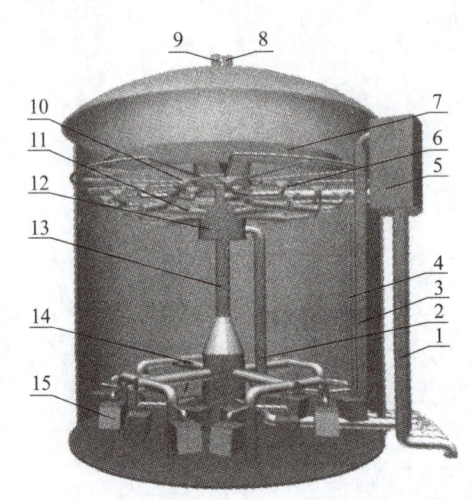

1—出水管；2—进水管；3—溢流管；4—伴热管；5—出水槽；6—出油管；7—集油槽；8—液压安全阀；9—机械呼吸阀；10—配水头；11—配水管；12—配水室；13—中心柱管；14—集管；15—集水头。

图4-6　立式除油罐的结构

立式除油罐的结构如图4-6所示，其上部是_____区，中上部是_____区，中部是_____区，中下部是_____区，底部是_____区。

立式除油罐主要靠_____进行油水分离。这种理论忽略了进出配水口水流的不均匀性、油珠颗粒上浮中的絮凝等影响因素，认为油珠颗粒是在理想的状态下进行重力分离的，即假定过水断面上各点的水流速度相等，且油珠颗粒上浮时的水平分速度等于水流速度；油珠颗粒匀速上浮，上浮到水面即被去除。

问题引导1：立式除油罐的工作原理是什么？
_____
_____
_____
_____
_____
_____
_____。

立式除油罐作为一次除油罐，多用于除去污水中的浮油和大部分分散油。当来水含油量为 1 000 mg/L 时，出水含油量小于 200 mg/L，除油效率达 80%。来水悬浮物为 300 mg/L 时，出水悬浮物小于 240 mg/L，悬浮物去除率为 20%。污水在罐内停留时间一般为 4 h，污水下流速度为 0.5~0.8 mm/s。

问题引导2：立式除油罐的特点是什么？
_____
_____
_____
_____。

2. 斜板（管）式除油罐

斜板除油是 20 世纪 70 年代末逐步应用于油田污水处理的一项技术，目前已成为常用的高效除油方法之一。为提高除油效率，减少除油罐的容积，常在立式除油罐内的油水分离区设置倾角为＿＿＿＿°的斜板或斜管（见图 4-7），即斜板（管）式除油罐。

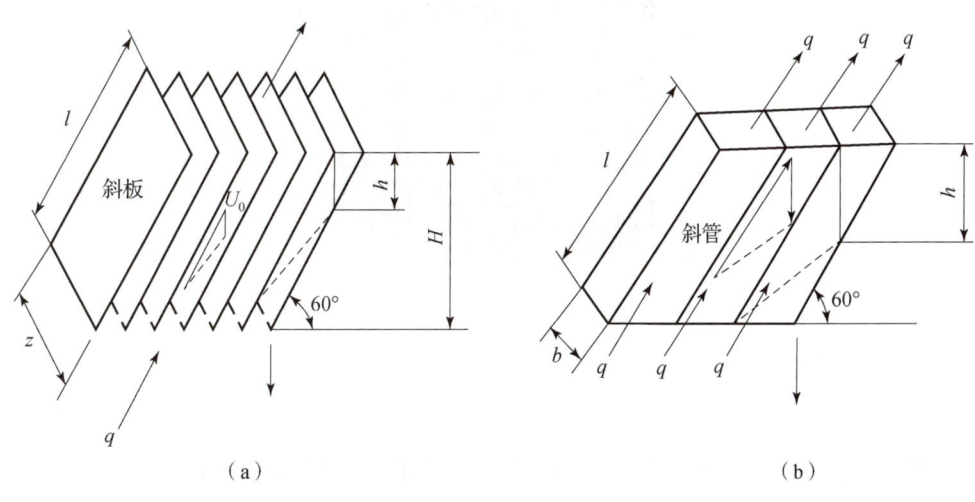

图 4-7　斜板（管）沉降原理

(a) 斜板沉降；(b) 斜管沉降

斜板（管）式除油罐的结构示意如图4-8所示。

问题引导3：斜板（管）式除油罐的工作过程是什么？

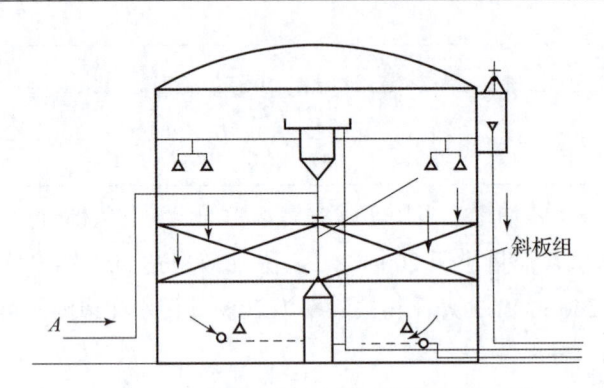

_____

_____

_____。

图4-8 斜板（管）式除油罐的结构示意

3. 混凝除油罐

混凝除油罐主要由进水管、中心反应筒、配水管、配水头、集水头、集水管、中心柱管、出水槽、出水管、集油槽、收油管和溢流管等组成，如图4-9所示。

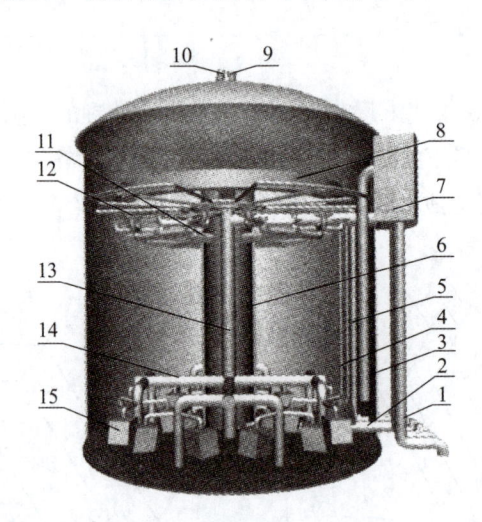

1—出水管；2—进水管；3—溢流管；4—伴热管；5—出油管；6—中心反应筒；7—出水槽；8—集油槽；9—液压安全阀；10—机械呼吸阀；11—配水管；12—配水头；13—中心柱管；14—集水管；15—集水头。

图4-9 混凝除油罐的结构

混凝除油罐是二段含油污水处理的设备之一。较重力除油罐又增设了_____，以便药液与污水充分混合和反应，加速油、水和固体悬浮物的分离速度。混凝除油罐中同步发生_____、_____作用。

问题引导3：混凝除油罐的工作过程是什么？

_____

_____

_____。

【任务实施】

1. 任务实施要求

（1）必须穿戴好劳动保护用品。

（2）工具、量具、用具准备齐全，正确使用。

（3）操作规程符合安全文明操作。

（4）按规定完成操作任务，质量达到技术要求。

（5）操作完毕，做到工完、料净、场地清。

2. 任务实施步骤（见表4-5）

表4-5 除油罐启动操作任务工作单

（除油罐启动操作）任务工作单				
姓名：		班级：	组号：	
分组情况				
序号	学号	姓名	角色	职责
工作过程				
序号	工作内容		完成情况	备注
1	设备准备			
2	材料准备			
3	工具准备			
4	打开罐底及收油槽内的采暖伴热管线阀			
5	关闭罐出口阀，排污阀和出、进口连通阀			
6	打开罐进口阀，缓慢向罐内进液，让液体从进口管道进入中心反应筒后，再从反应筒进罐			
7	进液量达到1/2时，停止进液，观察罐体及基础下沉情况			

续表

工作过程				
序号	工作内容		完成情况	备注
8	继续进液，待液位升到设计高度时，打开出口阀和平衡连通阀，调整液位高度阀，并检查阀件、罐体、基础等部位是否正常			
9	取出口水样检查水质情况			
10	收拾工具、清理场地			
11	遵守国家或企业有关安全规定			
	出现问题		解决办法	

【评价反馈】

1. 学生自评

学生扫码完成学生自评表。

2. 学生互评

学生扫码完成学生互评表。

3. 教师评价

教师扫码完成教师评价表。

子任务三 过滤罐的运行与维护

【任务描述】

含油污水经除油设备处理后，还存在着一定数量的乳化油和固体悬浮杂质，常用过滤罐进行进一步处理，即，将含油污水通过一定厚度且多孔的粒状物质，通过物理、化学作用除去其中微小的悬浮物和油珠，其是三段式常规污水处理流程的末级处理工艺。

【工作准备】

1. 滤料和过滤层

目前，过滤设备常用过滤罐，内装过滤除油材料有石英砂、无烟煤、核桃壳、石榴石、钛铁矿砂、磁铁矿砂、金刚砂、铝矾土、陶粒、活性炭、聚苯乙烯球粒、聚氯乙烯球粒等。水从上向下经砂层、砾石支撑层，然后从池底出水管流入澄清池加以澄清。滤料颗粒的大小、形状、组成以及过滤层厚度，对于过滤器的过滤速度、滤污能力、工作周期等有着直接的影响。过滤设备中使用的滤料要具有合适的粒度、孔隙度和级配要求，具备足够的机械强度，以免冲洗时颗粒过度磨损和破碎而降低过滤器的工作周期；对于过滤的水，有足够的化学稳定性；价格低廉等。

1）石英砂滤料

问题引导1：石英砂滤料有何特点？

_____
_____
_____。

2）核桃壳滤料

核桃壳是20世纪80年代中后期在国内发展起来的一种新型滤料，由野生厚皮山核桃壳经脱脂、研磨、去皮、烘干、筛分等工序制成。

问题引导2：核桃壳滤料有何特点？

_____
_____
_____。

反冲洗时辅以机械搅拌，反冲洗效果好，极具推广使用价值。在1999年之后建设的水驱采出水处理工程中，已普遍用于一级过滤。使用核桃壳作为滤料的过滤装置称为核桃壳过滤器。

3）改性纤维球滤料

纤维过滤技术是在颗粒状滤料过滤技术的基础上发展起来的。

问题引导3：改性纤维球滤料有何特点？

_____
_____
_____。

在油田含油污水处理方面，由于亲油纤维过滤介质的再生问题，一直阻碍纤维滤料在含油污水处理领域的应用。近年来，随着技术的发展，适合含油污水过滤要求的亲水憎油型纤维材质进入大规模生产阶段。人们通常把通过各种方法改变其表面特性,将疏水性改为亲水性的纤维,称为改性纤维。由改性纤维制成的纤维球柔性、孔隙可变,丝径细,比表面积大,采用新型结扎方式,运行时滤层孔隙沿水流方向逐渐变小,形成比较理想的上大下小孔隙分布状态,拦截作用强,过滤效果好,对悬浮物吸附能力强,滤料反冲洗再生能力强。

大庆油田近几年来也开展了应用于含油污水过滤的改性纤维球过滤技术的研究和推广应用,主要应用在含油污水深度处理中的二级过滤,滤速可达 20~25 m/h。

为了防止滤料从配水系统中流失,并保证反冲洗过程中的均匀布水,过滤层的底部往往需要加一层承托层。承托层一般采用天然卵石,其粒径和厚度取决于反冲洗的强度。反冲洗强度越大,要求卵石的粒径和厚度越大。

2. 过滤罐

过滤罐的种类很多,根据作用能量的不同,可分为重力式和压力式两大类;根据其滤料的不同,可分为单滤料、双滤料和多滤料三种;根据过滤速度快慢不同,可分为慢滤、快滤、高速过滤和超高速过滤等。

不同的过滤罐其过滤标准或过滤对象也不尽相同。压力过滤罐能除去大部分_____的颗粒;硅藻土过滤器能除去小于_____的颗粒;高速深度过滤器在没有用絮凝剂时也能除去_____的颗粒,若加_____的絮凝剂可清除_____的颗粒。对于低渗透油田应考虑采用更精细的过滤技术。

1) 重力式(单阀)过滤罐

过滤罐中的水面与大气接触,利用过滤罐与底部水管出口或与水管相连的清水罐水位标高差进行过滤的,叫作重力式过滤罐。这种过滤罐适用于小阻力配水系统的污水过滤。目前常用的是重力式单阀过滤罐。

重力式单阀过滤罐的结构示意如图 4-10 所示。

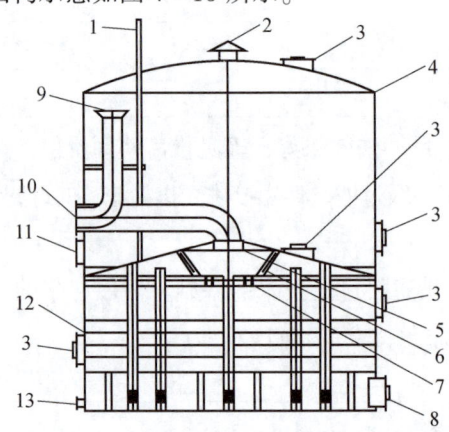

1—虹吸管;2—排气孔;3—人孔;4—罐体;5—散液板;6—滤筐流道;7—滤筐;8—清扫口;
9—出水管口;10—进水口\滤后出水口;11—滤道连通器;12—大阻力圈;13—放空口。

图 4-10 重力式单阀过滤罐的结构示意

由图 4-10 可知,整个单阀过滤罐分成上、下两部分。上部分是反冲洗水箱,下部是过滤部分。这种过滤罐的进水管上装有控制阀,出水管上没有阀,故称为单阀过滤罐。

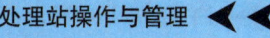

问题引导4：请结合图4-10分析重力式单阀过滤罐的工作过程。

_____

_____

_____。

对过滤罐进行反冲洗时，打开反冲洗排水管上的电动排水阀，反冲洗水箱中的水通过连通管自下而上依次通过集水室、配水系统、承托层、过滤层，实现对滤料的反冲洗。工程上通过将反冲洗系统的压力损失设计为小于进水的压力损失，反冲洗排水阀打开，便实现反冲洗。在反冲洗时，一般不关闭进水管上的进水阀。这样，只要配置快速作用的反冲洗排水阀，如蝶阀、电动阀等，就可以快速实现反冲洗与正常工作的切换。

2）压力式过滤罐

过滤罐完全密封，水在一定压力下通过过滤罐的，叫作压力式过滤罐。压力式过滤罐是一个立式或卧式的密闭圆柱形钢制容器，过滤压力为 0.1~0.2 MPa，适用于大阻力配水系统的污水过滤。日常用的立式压力过滤罐如图4-11所示，由过滤层、支撑介质、进水管、排水管、洗水管等组成，其滤料有鹅卵石、磁铁矿、石英砂、无烟煤、核桃壳等。

问题引导5：压力式过滤罐的工作过程是什么？

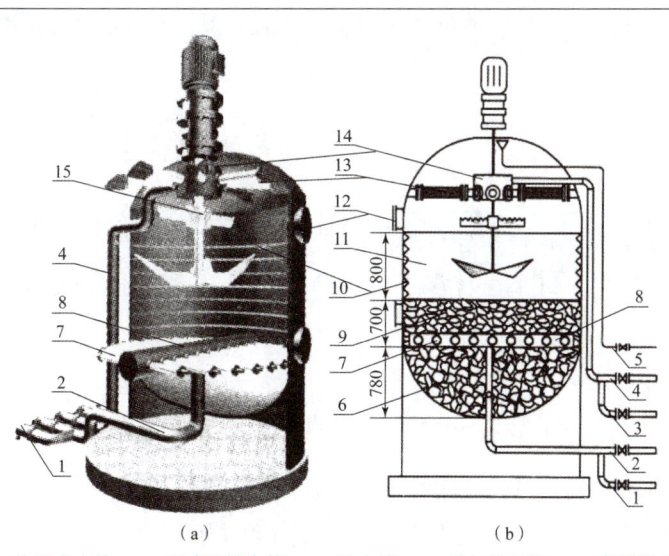

_____

_____

_____。

图4-11 立式压力式滤罐

（a）内部结构；（b）填装滤料示意

1—反冲洗进水管；2—滤后出水管；3—反冲洗排水管；4—进水管；5—排气排油管；6—素混凝土承托层；7—集（配）水支管；8—集（配）水总管；9—卵石垫层；10—阻力圈；11—过滤层；12—人孔；13—配水支管；14—配水室；15—搅拌器

过滤罐工作一定时间后，过滤层吸附和截留的悬浮杂质的乳化油逐渐达到饱和，滤料将失去过滤能力，造成过滤后的水质达不到质量要求，过滤罐的压力损失增加。为使过滤罐恢复过滤能力，必须定期对滤料进行_____。反冲洗过程与过滤过程正好相反，将过滤后的水从过滤罐_____部引入，_____依次通过配水系统、承托层、过滤层，最后通过反冲排水管送回立式除油罐。为了保证反冲洗的效果，要根据不同滤料的最佳膨胀率来确定反冲洗的时间和强度等参数。

【任务实施】

1. 任务实施要求

（1）必须穿戴好劳动保护用品。
（2）工具、量具、用具准备齐全，正确使用。
（3）操作规程符合安全文明操作。
（4）按规定完成操作任务，质量达到技术要求。
（5）操作完毕，做到工完、料净、场地清。

2. 任务实施步骤（见表4-6）

表4-6 压力式过滤罐反冲洗操作任务工作单

（压力式过滤罐反冲洗操作）任务工作单				
姓名：		班级：		组号：
分组情况				
序号	学号	姓名	角色	职责
工作过程				
序号	工作内容		完成情况	备注
1	设备准备			
2	材料准备			
3	工具准备			
4	关闭压力式过滤罐进水阀和出水阀（多个压力式过滤罐并联运行时，其中一个压力式过滤罐反冲洗时，无须关加压泵），打开反冲洗进水阀，打开排水阀，然后启动反冲洗泵，反冲洗时间为 10~15 min，反冲洗强度为 12~15 L/($s \cdot m^2$)。注意反冲洗排水阀不能开得过大，防止跑砂。反冲洗水质达到规定要求时，即可停泵			

续表

工作过程				
序号	工作内容		完成情况	备注
5	反冲洗完毕后，关闭反冲洗进水阀和排水阀，打开压力式过滤罐进水阀和出水阀，投入正常生产				
6	启动污水回收泵将反冲洗的污水送到除油罐（沉降罐）进行处理，记录反冲洗时间及水量				
7	收拾工具、清理场地				
8	遵守国家或企业有关安全规定				
	出现问题		解决办法	

【评价反馈】

1. 学生自评

学生扫码完成学生自评表。

2. 学生互评

学生扫码完成学生互评表。

3. 教师评价

教师扫码完成教师评价表。

任务三　污水化验岗位操作与管理

【任务描述】

污水处理指标能否满足环评要求，能否满足注水要求，均通过化验完成。在本任务中，学生要熟悉污水化验岗位职责和各类常见的检查设备，能熟练分析仪器的使用要求，确保污水处理指标满足生产要求。

> **小贴士**
>
> 实践是检验真理的唯一标准，在化验过程中，应养成仔细、认真、一丝不苟的敬业精神。

【任务目标】

（一）知识目标

1. 熟悉污水化验岗位的职责；
2. 熟悉污水化验岗位的安全要求；
3. 熟悉常见的检测设备原理；
4. 掌握常见仪器的操作方法；
5. 掌握常见的检测方法及数据计算。

（二）技能目标

1. 能安全、规范地进行污水化验作业；
2. 能熟练进行含油污水的分析检测；
3. 能熟练进行分析检测仪器的使用。

（三）素质目标

1. 培养热爱本职工作的精神；
2. 培养吃苦耐劳的品质；
3. 培养知难而进的奋斗精神；
4. 培养精益求精的大国工匠精神。

子任务一　污水化验岗位职责与要求认知

【任务描述】

污水化验岗位是保证油气安全、顺利运输的重要岗位之一。该岗位负责原油、天然气输送过程中所产生的净化水指标的化验与检测，应掌握绘制和识读污水化验站相关设计图纸的基本技能，将岗位职责牢记于心，在日常污水化验过程中践行岗位职责。

【工作准备】

1. 污水化验班长的职责

（1）服从单位领导指挥，带头遵守公司及部门制度，团结班组成员。

（2）带领全班成员对水质情况进行检测、化验，保证数据的准确性。

（3）掌握化学品及化学反应的特性，了解试验设备的安全性能，把"安全操作"放在第一位，负责制定化学分析安全预案，保证各项安全措施的落实。

（4）负责企业工作制度在班组的落实，组织并参与专业技术的学习，不断加强班组作风建设。

（5）不断加强自身化验专业知识的学习，能够独立处理问题，胜任班长岗位。

（6）负责监督填写试验记录，确保水质分析结果的准确性，在上报的测试结果上签字。

（7）鉴于化验岗位的特殊性，班长负责监督班组成员个人卫生情况。

（8）坚持每班汇报形式，及时监控水质，发现问题及时上报。

（9）负责填写班组成员的考勤记录。

（10）带领班组成员完成实验室卫生工作。

2. 污水化验员的安全要求

（1）认真学习贯彻上级有关安全生产指示精神，严格执行各项安全管理规定。

（2）负责对污水化验系统的进水、出水各项指标进行分析检验，负责对处理过程的各项水质进行分析检验，当班人员要认真填写《运行记录表》《巡回检查记录表》《设备事故登记表》等。

（3）严格执行国家理化检验标准和方法，按污水处理工艺要求和次数进行水质化验。

（4）及时完成各项水样的检验任务，及时准确提供检验信息，并对其结果的真实性、准确性负责。

（5）上岗前必须穿戴好劳保用品，严格遵守技术操作规程和安全操作规程。

（6）取样时必须按取样要求均匀取样、及时取样、如实化验、如实记录，不得弄虚作假。

（7）认真做好污水分析检验的原始记录，做好污水检测报告。

（8）负责对化验仪器进行维护和保养，定期清洗，保证仪器处于安全、稳定、准确的工作状态。

（9）负责对本岗位化验产生的废水样及时进行环保处理。

（10）自觉遵守企业各项规章制度，做到安全检测。

（11）按时参加各种安全活动，做好工作安全交接班工作。

（12）遵守劳动纪律，不脱岗、不串岗、不做与工作无关的事。

（13）工作中做好安全巡检工作，发现安全问题应及时解决。

（14）工作中加强安全保护意识，做好互保联保工作，确保安全生产无事故。

（15）注意安全化验、文明化验，保持工作面整洁。发现设备有故障应及时停机，不使设备带病工作。对于常见故障，应切断电源之后做好充分准备方能检修。对于重大设备故障，首先应停机，请专业人员检修，不准私自检修。

3. 污水化验员的职责

（1）完成单位规定的化验项目，及时、准确地反映水质具体数据，为水处理工艺提供污水处理的准确依据。

（2）熟悉本厂污水处理的工艺流程、工艺参数，精通各项化验技术操作。

（3）遵守化验室技术操作规程及相关制度。

（4）加强化学基础知识学习和化验基本技术的训练。做到"四懂、四会"：懂污水处理的基本原理；懂化学基础知识及相关化学试剂的理化特性；懂化验项目的含义；懂一般电器的使用知识；会正确使用各种化验设备；会熟练、正确地化验污水处理厂需要的各种测试项目；会正确使用药品，配制标准溶液；会排除干扰物质的影响。

（5）必须正确、及时、有代表性地取样，取样瓶每天清洗，每周用清洗液或洗衣粉清洗一次。

（6）必须准确无误地记录各项化验数据，认真做好岗位运行记录及各种填报表，为生产运行管理提供科学依据。

（7）负责化验数据的归纳、整理、分析工作。按时填写技术报告，妥善保管化验室的生产技术资料。

（8）及时发现化验中存在的问题，并提出解决方法和建议。

（9）熟悉各种测试方法，掌握各种仪器的操作规程，能熟练使用各种仪器，熟悉各种工艺参数。

（10）严格执行有关标准规范，确保检测数据可靠准确。遵守劳动纪律，严守工作岗位，不擅自离岗，不串岗。

（11）做好化验室的清洁工作，仪器要放整齐，玻璃器具清洁无油污，室内卫生天天做，一周一次大扫除。

（12）化验室的药品、仪器要有人专门负责整理，贵重仪器与剧毒药品要专人管理，建立专门领用和使用制度。

（13）应关好电源、水源，把室内全面检查一遍后方可离开。

【任务实施】

1. 任务实施要求
（1）明确岗位职责。
（2）明确岗位安全要求。
2. 任务实施步骤（见表4-7）

表4-7 污水化验岗位任务工作单

\multicolumn{4}{c}{（污水化验岗位）任务工作单}
\multicolumn{4}{c}{工作过程}
序号	工作内容	掌握情况	备注
1	熟记污水化验班长的职责		
2	熟记污水化验员的安全要求		
3	熟记污水化验员的职责		
	出现问题		解决办法

【评价反馈】

1. 学生自评

学生扫码完成学生自评表。

2. 学生互评

学生扫码完成学生互评表。

3. 教师评价

教师扫码完成教师评价表。

子任务二 污水化验操作

【任务描述】

由于石油化工企业排出的含油污水具有污染成分复杂、水质频繁波动、水量有较大波动，且存在挥发酚、硫化物以及大量油等有害物质，还含较高值的 CODCr、TDS 以及 BOD 等特点，因此需要对其进行检测分析，指导油气输送。

【工作准备】

1. 原油含水率的检测

原油含水率是指原油中所含水分的百分比。在原油运输过程中，原油含水率的高低对于原油运输有着重要的影响。因此，准确地计算原油含水率是非常重要的。原油含水率计算公式如下：

$$原油含水率(\%) = (水的质量 \div 原油的质量) \times 100\%$$

式中，水的质量是指原油中所含的水的质量，原油的质量是指原油的总质量。

在实际应用中，计算原油含水率的方法有很多种，但是以上公式是最常用的一种。在计算原油含水率时，需要先将原油样品取出一定量，将其加热至一定温度，使其中的水分蒸发。然后，将样品中剩余的物质称重，得到原油的质量。接着，将样品中蒸发的水分称重，得到水的质量。最后，将水的质量除以原油的质量，再乘以100%，即可得到原油含水率。

1）在线原油含水分析仪

问题引导1：传统的原油含水分析方法及原油含水分析的新技术有哪些？

_____

_____

_____。

2）蒸馏法的操作步骤

蒸馏法是最常见的一种测试方法。

问题引导2：蒸馏法如何实现原油含水率检测？有哪些注意要点？

_____

_____

_____。

2. 污水COD测试

问题引导3：什么是COD？如何测试？

_____

_____

_____。

3. pH值的测定

pH计，又称作pH酸度计或者酸度计，是利用化学上原电池的原理工作的。原电池两个电极间的电动势不仅与电极的自身属性有关，还与溶液中氢离子的浓度有关。

pH计是用来测定溶液pH的一种仪器，其利用溶液的电化学性质测量氢离子浓度，以确定溶液的酸碱度。氢离子浓度的对数的负值称为pH值。通常pH值为0~14。25 ℃中性水的pH值为7，pH值小于7的溶液为酸性，pH值大于7的溶液为碱性。温度对水的电离系数有较大影响，pH值的中性点会随温度的变化而改变。而pH计进行pH值测量的原理就是利用电位分析法，建立离子活度与电动势之间的关系，通过测量原电池的电流进行pH值的测量。

用pH计进行电位测量是测量pH最精密的方法。pH计由三个部件构成：（1）_____；（2）_____；（3）_____。

问题引导4：pH计的使用步骤是什么？

_____

_____

_____。

pH计使用的注意事项：

（1）电极在使用前应在电极液中浸泡24 h以上，探头保持湿润；

（2）测定时，玻璃电极的球泡应全部浸泡入溶液中；

（3）注意电极的出厂日期，存放时间过长的电极性能将变劣。

4. BOD的测定

BOD是_____。

问题引导 5：含油污水 BOD 测试方法是什么？

_____

_____

_____。

5．数据处理

问题引导 6：什么是精密度？如何提高精密度？

_____

_____

_____。

问题引导 7：什么是准确度？如何提高准确度？

_____

_____

_____。

【任务实施】

1．任务实施要求

（1）必须穿戴好劳动保护用品。

（2）工具、量具、用具准备齐全，正确使用。

（3）操作规程符合安全文明操作。

（4）按规定完成操作任务，质量达到技术要求。

（5）操作完毕，做到工完、料净、场地清。

2．任务实施步骤（见表 4-8）

表 4-8 污水化验操作任务工作单

（　　　）任务工作单			
姓名：	班级：		组号：
分组情况			
序号	学号	姓名	角色	职责

续表

工作过程				
序号	工作内容		完成情况	备注
1	设备准备			
2	材料准备			
3	工具准备			
4	（1）检测含水量 （2）检测 COD （3）检测 BOD （4）检测 pH （5）检测硫酸盐			
5	检测完成后进行数据处理			
6	文明操作、废液回收等			
7	收拾工具、清理场地			
8	遵守国家或企业有关安全规定			
出现问题			解决办法	

【评价反馈】

1. 学生自评

学生扫码完成学生自评表。

2. 学生互评

学生扫码完成学生互评表。

3. 教师评价

教师扫码完成教师评价表。

模块五　注水站操作与管理

油田投入开发以后，随着油气的采出，地层压力会下降，这就需要向地层中补充能量。目前，补充地层能量的方法有向油气藏中注水和注气，但绝大部分油田都是采用注水来补充地层能量。本模块包括注水岗位操作与管理和注水井运维岗位操作与管理两个任务。在明确任务后，通过学习、理解相关岗位职责、工艺流程、设备结构原理、设备操作维护保养等内容，完成注水站的相关工作。

任务一　注水岗位操作与管理

【任务描述】

注水是油田开发过程中补充地层能量的主要方法。注水井在注水开发中起着重要作用，注水井管理的好坏决定着油田开发效果的好坏。保持注水井长期稳定的良好吸水能力及良好的井况，均衡完成配注任务，是注水生产管理的主要任务。因此，要认真做好注水生产的各项日常管理工作，保证注够水、注好水。

> **小贴士**
>
> 注水井操作压力高，危险性大。请大家养成安全生产的意识，在调配和掌控水量过程中要细心，养成精益求精的大国工匠精神。

【任务目标】

（一）知识目标

1. 熟悉注水岗位的职责；
2. 熟悉注水岗位的安全要求；
3. 掌握洗井的方式；
4. 掌握洗井的目的；
5. 熟悉注水井的开井操作；
6. 掌握调配、控制水量的几种计算方法；
7. 熟悉注水井的井口流程。

（二）技能目标

1. 能安全、规范地进行注水作业。
2. 能进行注水井的开关操作；
3. 能读水表，检查水量；
4. 能调整、控制注水量；
5. 能绘制注水工艺流程图；
6. 能按程序进行洗井作业；
7. 能够熟练地进行倒注水正注操作；
8. 能够熟练地进行倒注水正注改反冲洗操作。

（三）素质目标

1. 培养学生深挖钻研的探索精神；
2. 培养学生爱岗敬业的职业精神；
3. 具有爱劳动的思想和奉献精神；
4. 培养不怕吃苦的劳动精神和奋斗精神；
5. 提高安全生产、安全操作的意识。

子任务一　注水岗位职责与要求认知

【任务描述】

油田注水的目的是通过一系列注水管网、注水设备及注水井将水注入地层，使地层保持能量，提高采油速度和原油采收率。注水岗位是保证油气安全生产的重要岗位之一，该岗位负责注水井的维护、注水井的开关、注水量的调整等操作，该岗位要求将岗位职责牢记于心，在日常设备维护中践行岗位职责。

【工作准备】

1. 注水班长的职责

（1）负责区队注水站的现场运行管理工作。

（2）负责区队、站油水井资料的录取、整理及相关报表的编报工作，建立健全辖区油水井井史档案并存档，对区队、站资料真实性、准确性负责。

（3）负责区队、站油水井生产动态的跟踪分析，编报单井及井组动态分析报告，提出技改建议上报采油大队。

（4）负责编制区队、站注水运行管理与考核方案，组织辖区内注水现场进行考核评比。

（5）负责区队、站油水井的生产测试、注水等现场监督管理工作。

（6）负责区队、站注入水配伍性送检及注水系统化验检测工作。

2. 注水员的安全要求

（1）坚持"安全第一，预防为主"的方针，认真落实安全生产责任制。

(2) 定期学习并掌握安全生产法律法规知识。

(3) 严格执行安全操作规程，上岗期间必须穿戴好劳动护具。

(4) 认真遵守"八防一禁止"规定，保持站内消防设施、器材齐全，且始终处于完好状态，保证急事急用，不得挪用。

(5) 定期进行设备保养，保证设备正常运转。

(6) 注水泵压力做到平稳，不超过规定波动范围。

3. 注水员的职责

(1) 负责取本井相关资料，记录并上报区队、站。必须按规定填报：注水日报表、加药记录、注水站内系统运行记录、工具（用具）明细表、污水处理及反冲洗记录等有关资料，各项资料填写规范、整齐、字迹工整（全用仿宋体），不得涂改，不允许出现造假数据，注水量要求保留到小数点后两位。

(2) 负责本井现场标准化管理和巡查工作。

(3) 负责本井相关设备日常维护保养工作并记录。

(4) 负责本井各类施工作业现场监督、记录工作，注水工艺流程图、巡回检查路线图、注采井网图、岗位工作记录本、设备档案本、设备运行记录本、站史本必须齐全。

(5) 负责本井取样工作。

(6) 对于已安装数字化系统的注水站，必须随时监控注水泵压、管压、分水器压力、注水量等参数；对于未安装数字化系统注水站，每 2 h 录取一次注水泵压、管压、分水器压力和注水量等参数。

【任务实施】

1. 任务实施要求

(1) 明确岗位职责。

(2) 明确岗位安全要求。

2. 任务实施步骤（见表 5-1）

表 5-1 注水岗位任务工作单

（注水岗位）任务工作单				
姓名：		班级：		组号：
分组情况				
序号	学号	姓名	角色	职责

续表

工作过程				
序号	工作内容		完成情况	备注
1	熟记注水班长的职责			
2	熟记注水员的安全要求			
3	熟记注水员的职责			
	出现问题		解决办法	

【评价反馈】

1. 学生自评

学生扫码完成学生自评表。

2. 学生互评

学生扫码完成学生互评表。

3. 教师评价

教师扫码完成教师评价表。

子任务二　注水井的开关井操作

注水基础知识

【任务描述】

注水井的开井和关井是注水井管理中最基本的操作之一。本任务需正确完成注水井的开井和关井工作。

【工作准备】

从水源到注水井的注水地面系统通常包括水源泵站、水处理站、注水站、配水间和注水井。水源来水经过处理达到油田注水水质标准后，被送到注水站。

1. 注水站

注水站是注水系统的核心，主要作用是将来水升压，以满足注水井对注入压力的要求，经过高压阀组分别把高压水送到各注水管线。站内注水工艺流程主要考虑满足注水水质、计量、操作管理及分层注水等方面的要求。

注水工艺流程为：来水进站→计量→水质处理→储水罐→进泵加压→输出高压水，如

图 5-1 所示。

水源来水经过低压水表计量后进入储水罐。一般每座注水站应设置不少于两座储水罐，其总容量应按该站最大用水量时的 4~6 h 来设计，当注水站距水源距离较远，或供水量不正常时，其总容量可根据实际情况适当予以增大。在地下清水水源较为充足，而油田净化污水不足的条件下，可将两座大罐中的一座设计为净化污水储罐，另一座设计为清水储罐，进行清、污水混注。储水罐内的水利用水位高差产生的自压，或经供水泵加压后，进入注水泵进口，经注水泵升压后，由高压注水阀组分配到各条注水干线或配水间。水质的主要控制指标如表 5-2 所示。

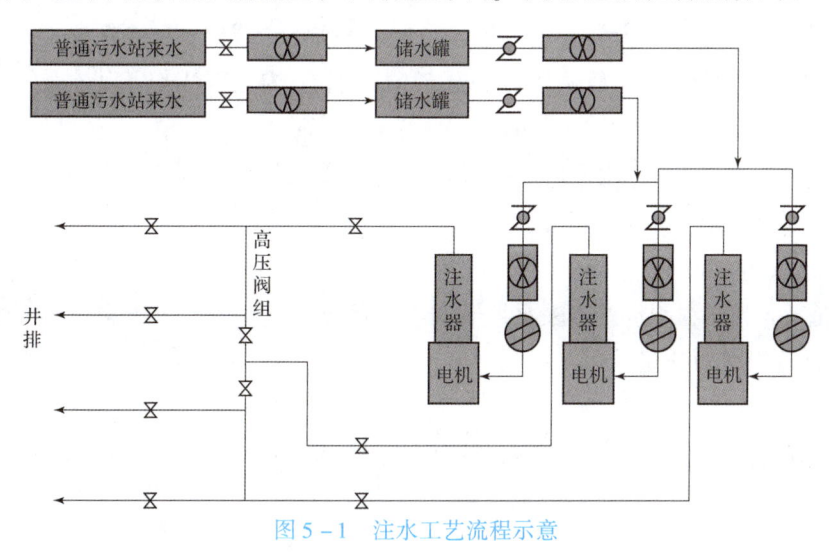

图 5-1 注水工艺流程示意

表 5-2 水质的主要控制指标

控制指标	注入层平均空气渗透率/(10^{-3} μm^2)	<100			100~600			>600		
	标准分级	A1	A2	A3	B1	B2	B3	C1	C2	C3
	悬浮固体质量浓度/(mg·L^{-1})	<1.0	<2.0	<3.0	<3.0	<4.0	<5.0	<5.0	<7.0	<10.0
	悬浮物颗粒直径中值/μm	<1.0	<1.5	<2.0	<2.0	<2.5	<3.0	<3.0	<3.5	<4.0
	含油量/(mg·L^{-1})	<5.0	<5.0	<8.0	<8.0	<10.0	<15.0	<15.0	<20	<30
	平均腐蚀率/(mm·a^{-1})	<0.076								
	点蚀率	A1、B1、C1 级：试片各面都无点腐蚀								
		A2、B2、C2 级：试片有轻微点腐蚀								
		A3、B3、C3 级：试片有明显点腐蚀								
	SRB 菌含量/(个·mL^{-1})	0	<10	<25	0	<10	<25	0	<10	<25
	铁细菌含量/(个·mL^{-1})	<10^3			<10^4			<10^5		
	腐生菌含量/(个·mL^{-1})	<10^3			<10^4			<10^5		

注：清水水质指标中无含油量。

2. 注水站主要设施

注水站主要是由供水系统、供配电系统、冷却系统、润滑油系统、保护系统、排水和溶和采暖系统等几部分组成的。

1）供水系统

供水系统包括储水罐、供水阀组、高压泵组、注水泵控制阀组、流量计和分水器等。

(1) 储水罐。

储水罐的主要作用有以下 3 个。

①储备作用：为注水泵储备一定水量，防止因停水而造成缺水停泵现象。

②缓冲作用：避免因供水管网压力不稳定，影响注水泵正常工作及其他系统的供水量和水质。

③分离作用：使水中较大的固体颗粒物质、砂石等可沉降于罐底，含油污水中较大颗粒的油滴可浮于水面，便于集中回收处理。

(2) 供水阀组。

供水阀组如图 5-2 所示，由来水控制阀、流量计、过滤器、放空和排污等组成，它的作用是计量注水泵进口流量、过滤来水、为注水泵供水、排空管线内气体，保证注水泵的正常运行。

供水阀组的操作要求是在启动注水泵前，进口阀全部打开；排出管线内气体；流量计准确好用。

(3) 高压泵组。

高压泵组如图 5-3 所示，其可以是多级离心泵或柱塞泵，它的作用是将低压水转换成高压水，由注水井注入地下。

图 5-2 供水阀组 　　　　　　　　图 5-3 高压泵组

(4) 注水泵控制阀组。

注水泵控制阀组如图 5-4 所示，由高压单流阀、高压电动阀、手动高压截止阀和高压回流阀组成，它的作用是控制注水泵的流量和压力，保证注水泵安全运行。

(5) 流量计和分水器。

流量计用于计量水量；分水器用于将高压水向各配水间分配。

图 5-4 注水泵控制阀组

问题引导 1：归纳整理注水站的组成及各部分的作用。

_____
_____
_____
_____
_____
_____。

2）供配电系统

供配电系统包括高压油开关、供电电缆、高低压配电柜、星点柜和电动机等。

3）冷却系统

它包括_____和_____系统。

（1）风冷包括_____等。

（2）水冷包括_____等。

4）润滑油系统

它包括_____等。

5）保护系统

它包括_____。

6）排水系统

它包括_____等。

7）采暖系统

它包括_____等。

3. 注水流程要求

（1）满足油田开发对注水水质、压力及水量的要求。

（2）管理方便、维修量小、容易实现自动化。

145

(3) 节省钢材及投资，施工工程量小。

(4) 能注清水和含油污水，既能单注又能混注。

【任务实施】

1. 任务实施要求

(1) 必须穿戴好劳动保护用品。

(2) 工具、量具、用具准备齐全，正确使用。

(3) 操作规程符合安全文明操作。

(4) 按规定完成操作任务，质量达到技术要求。

(5) 操作完毕，做到工完、料净、场地清

2. 任务实施步骤（见表5-3、表5-4）

表5-3 注水井开井操作任务工作单

（注水井开井操作）任务工作单					
姓名：		班级：		组号：	
分组情况					
序号	学号		姓名	角色	职责
工作过程					
序号	工作内容			完成情况	备注
1	设备准备				
2	材料准备				
3	工具准备				
4	井口检查任务				
5	按注水方式导通流程（正注井，开井时先打开_____阀和_____阀；反注井，开井时先打开_____阀，后关闭_____阀）				
6	打开配水间来水阀				
7	配水间操作				
8	记录数据				
9	收拾工具、清理场地				

续表

工作过程				
序号	工作内容		完成情况	备注
10	遵守国家或企业有关安全规定				
出现问题				解决办法

表 5-4　注水井关井操作任务工作单

（注水井关井操作）任务工作单

姓名：　　　　　班级：　　　　　组号：

分组情况				
序号	学号	姓名	角色	职责

工作过程			
序号	工作内容	完成情况	备注
1	设备准备		
2	材料准备		
3	工具准备		
4	关配水间内阀		
5	关注水井井口阀		
6	记录数据		
7	收拾工具、清理场地		
8	遵守国家或企业有关安全规定		
出现问题			解决办法

【评价反馈】

1. 学生自评
学生扫码完成学生自评表。
2. 学生互评
学生扫码完成学生互评表。
3. 教师评价
教师扫码完成教师评价表。

子任务三　注水井的调整注水量操作

【任务描述】

调整注水井的注水量是采油工管理注水井、注好水的一项比较简单的操作技能。根据油井的地下动态变化，常需要及时按照_____，调整注水量，确保完成油田配产、配注任务，提高经济效益。

【工作准备】

1. 读水表的方法
面对水表，右边第一位是_____位数，每转动一个数，表示_____水；第二位是_____位数，每转动一个数，表示_____水；第三位是_____位数，每转动一个数，表示_____水；第四位是_____位数，每转动一个数，表示_____水；以此类推。
水表读数为_____。

2. 调配、控制注水量的方法
1）已知配注量，算出水表应控制的格数
例：某井配注量为 30 m³/d，水表应控制为多少格？
水表格数 =_____
　　　　　　_____
　　　　　　_____

2）"0.7"系数法
0.7 的含义是_____。
例：某井配注量为 30 m³/d，水表应控制为多少格？
水表格数 =_____。

3）已知瞬时水量，推算出日注水量
在正常注水时，如测出某井水表每分钟转 21 格，那么就可以求出该井日注水量，即：
_____。

在检查水表时，用此方法可以估算出实际注水量与日配注量差值，比较简便、实用。

4. 如何调整、控制注水量

为了达到平稳注水，每班注水量应该＿＿＿＿＿＿＿，但实际生产中常出现以下情况：某井配注量 30 m³/d，但前两班已注水 25 m³，第三班只余 5 m³，这时怎样控制水量，才能完成配注量？

（1）计算方法。

第一步：＿＿＿＿＿＿＿＿＿＿＿＿＿＿＿＿＿＿＿＿。

第二步：＿＿＿＿＿＿＿＿＿＿＿＿＿＿＿＿＿＿＿＿。

公式：＿＿＿＿＿＿＿＿＿＿＿＿＿＿＿＿＿＿＿＿。

（2）"0.7"系数法。

＿＿＿＿＿＿＿＿＿＿＿＿＿＿＿＿＿＿＿＿＿＿＿＿＿＿＿＿＿＿＿＿＿＿＿＿＿
＿＿＿＿＿＿＿＿＿＿＿＿＿＿＿＿＿＿＿＿＿＿＿＿＿＿＿＿＿＿＿＿＿＿＿＿。

问题引导 1：某井配水计划为 40 m³/d，每分钟水表应控制为多少格？

＿＿＿＿＿＿＿＿＿＿＿＿＿＿＿＿＿＿＿＿＿＿＿＿＿＿＿＿＿＿＿＿＿＿＿＿＿
＿＿＿＿＿＿＿＿＿＿＿＿＿＿＿＿＿＿＿＿＿＿＿＿＿＿＿＿＿＿＿＿＿＿＿＿＿
＿＿＿＿＿＿＿＿＿＿＿＿＿＿＿＿＿＿＿＿＿＿＿＿＿＿＿＿＿＿＿＿＿＿＿＿＿
＿＿＿＿＿＿＿＿＿＿＿＿＿＿＿＿＿＿＿＿＿＿＿＿＿＿＿＿＿＿＿＿＿＿＿＿。

问题引导 2：某井配水计划为 50 m³/d，但前两班已注水 40 m³，第三班应如何控制水量？

＿＿＿＿＿＿＿＿＿＿＿＿＿＿＿＿＿＿＿＿＿＿＿＿＿＿＿＿＿＿＿＿＿＿＿＿＿
＿＿＿＿＿＿＿＿＿＿＿＿＿＿＿＿＿＿＿＿＿＿＿＿＿＿＿＿＿＿＿＿＿＿＿＿＿
＿＿＿＿＿＿＿＿＿＿＿＿＿＿＿＿＿＿＿＿＿＿＿＿＿＿＿＿＿＿＿＿＿＿＿＿。

【任务实施】

1. 任务实施要求

（1）必须穿戴好劳动保护用品。

（2）工具、量具、用具准备齐全，正确使用。

（3）操作规程符合安全文明操作。

（4）按规定完成操作任务，质量达到技术要求。

（5）操作完毕，做到工完、料净、场地清。

2. 任务实施步骤（见表5-5）

表 5-5　调整注水量操作任务工作单

(调整注水量操作) 任务工作单					
姓名：		班级：		组号：	
分组情况					
序号	学号		姓名	角色	职责
工作过程					
序号	工作内容			完成情况		备注
1	设备准备					
2	材料准备					
3	工具准备					
4	根据配注量及各层段性质，计算出配注范围_____，并折算出该井的瞬时注水量_____				
5	利用_____计时，测出实际注水量。配注量与实际注水量进行比较，当_____时，适当缓慢关小下流阀门				
6	若小于低限则开大，并重复计时测算，达到配注要求为止，将有关数据填入生产报表				
7	调节水量用_____阀进行控制。调大水量时应先_____，再_____，使注水量达到配注要求				
8	阀门操作要_____，防止损坏计量仪表				
9	开关阀门时，人身体要站在阀门_____，读数要_____；实际注水量应控制在合格范围内				
10	记录井号、水表头显示				
11	列出计算公式，代入数据，计算出结果				
12	收拾工具、清理场地				

续表

工作过程			
序号	工作内容	完成情况	备注
13	遵守国家或企业有关安全规定		
出现问题		解决办法	

【评价反馈】

1. 学生自评

学生扫码完成学生自评表。

2. 学生互评

学生扫码完成学生互评表。

3. 教师评价

教师扫码完成教师评价表。

子任务四　注水井的洗井操作

【任务描述】

对注水井进行洗井是注水井管理的一项重要任务，目的是清除井下腐蚀物和杂质，保持井底清洁，防止污物进入地层，堵塞油层孔隙，影响注水效果。

【工作准备】

1. 注水井的投注程序

问题引导1：注水井的投注程序指的是什么？

_____

_____

_____

_____。

新井的投注程序：_____。

生产井转注水井的投注程序：_____。

2. 排液

问题引导 2：排液的目的是什么？

_____
_____
_____
_____。

3. 洗井

问题引导 3：洗井的目的是什么？

_____
_____
_____
_____。

洗井的方式有：_____、_____、_____。

问题引导 4：三种洗井方式各有何特点？

_____
_____
_____
_____
_____。

4. 洗井质量

（1）洗井时，必须坚持_____、_____、_____、_____的基本原则。

（2）要控制好进出口的水量，达到_____，严防_____。

（3）要彻底清洗_____、_____、_____、_____的杂物，使_____完全一致时为止。

5. 预处理

问题引导 5：预处理的目的是什么？

_____
_____
_____
_____。

问题引导 6：试注的程序是什么？

_____
_____
_____
_____。

【任务实施】

1. 任务实施要求

(1) 必须穿戴好劳动保护用品。

(2) 工具、量具、用具准备齐全,正确使用。

(3) 操作规程符合安全文明操作。

(4) 按规定完成操作任务,质量达到技术要求。

(5) 操作完毕,做到工完、料净、场地清

2. 任务实施步骤(见表5-6)

表 5-6　注水井的洗井操作任务工作单

(注水井的洗井操作)任务工作单					
姓名:			班级:		组号:
分组情况					
序号		学号		姓名	角色	职责
工作过程					
序号		工作内容			完成情况	备注
1		设备准备				
2		材料准备				
3		工具准备				
4		与注水站联系				
5		先关配水间注水水表上流闸门和下流闸门				
6		关井口的总闸门和左右套管闸门,并连接好外排管线				
7		开生产闸门。开配水间洗井水表上流闸门,后开水表下流闸门,开到洗井时最小排量冲洗地面管线				
8		管线冲洗合格后校对水表水量,由小到大三个点,并绘制水表校正曲线。冲完管线后,改为洗井流程,并确定洗井方式				

续表

工作过程				
序号	工作内容		完成情况	备注
9	正洗井：先关排水管线一侧的油管阀至洗井压力，同时开总阀和排水管线一侧的套管阀，最后关死排水管线一侧的油管阀。用配水间的洗井阀控制进口水量，用出口套管阀控制出口水量，一般为 25 m^3/h			
10	反洗井：先关来水管线一侧的生产阀至洗井压力，同时开来水一侧的套管闸阀和总阀，最后关死来水一侧的生产阀			
11	完成洗井后转注			
12	收拾工具、清理场地			
13	遵守国家或企业有关安全规定			
出现问题			解决办法	

【评价反馈】

1. 学生自评

学生扫码完成学生自评表。

2. 学生互评

学生扫码完成学生互评表。

3. 教师评价

教师扫码完成教师评价表。

子任务五　倒注水操作

【任务描述】

正注是注水开发油田最常用的注水方式，倒注水正注是注水井管理的一项基本工作。本任务要求能正确完成倒注水操作。

注水泵结构与原理

【工作准备】

问题引导 1：什么是正注？
_____
_____
_____。

问题引导 2：什么是反冲洗？
_____
_____
_____。

问题引导 3：注水井倒注水流程的安全要求有哪些？
_____
_____
_____。

【任务实施】

1. 任务实施要求
（1）必须穿戴好劳动保护用品。
（2）工具、量具、用具准备齐全，正确使用。
（3）操作规程符合安全文明操作。
（4）按规定完成操作任务，质量达到技术要求。
（5）操作完毕，做到工完、料净、场地清。

2. 任务实施步骤（见表 5-7、表 5-8）

表 5-7 倒注水正注操作任务工作单

（倒注水正注操作）任务工作单					
姓名：		班级：		组号：	
分组情况					
序号	学号		姓名	角色	职责

续表

工作过程			
序号	工作内容	完成情况	备注
1	设备准备		
2	材料准备		
3	工具准备		
4	检查放空阀、套管出口阀、油管出口阀、套管进口阀、测试阀等是否关闭，检查油管进口阀及注水总阀开关是否灵活好用。检查各部位连接是否牢固可靠。检查油管、套管压力表是否在压力允许范围内		
5	用F扳手开注水井井口注水总阀和油管进口阀		
6	通知注水站，依次打开配水间的上流阀、下流阀，并控制水量		
7	打开套管出口阀，打开注水井井口油管、套管压力表阀，并记录压力值		
8	检查注水管线及井口有无渗漏		
9	记录水表底数、开井时间、泵压、油压和套压		
10	收拾工具、清理场地		
11	遵守国家或企业有关安全规定		

出现问题	解决办法

表5-8　正注改反洗操作任务工作单

（正注改反冲洗操作）任务工作单			
姓名：		班级：	组号：
分组情况			
序号	学号	姓名	角色	职责

续表

工作过程				
序号	工作内容	完成情况	备注	
1	设备准备			
2	材料准备			
3	工具准备			
4	与注水站练习，站内改为旁通洗井流程，准备洗井			
5	用F扳手打开油管出口阀、洗井放空阀，关闭注水总阀，冲洗管线，当冲洗管线初期和末期管线水质一样时，即可结束冲洗管线操作			
6	打开注水总阀和套管井口阀，关油管井口阀，开始洗井			
7	在井口通过注水总阀或套管井口阀控制洗井排量			
8	洗井初期、结束时分别取水样，当进出口水质一样时方可结束洗井			
9	打开油管进口阀，关闭油管出口阀、套管进口阀和洗井放空阀			
10	与站上联系，倒回正常注水流程			
11	收拾工具、清理场地			
12	遵守国家或企业有关安全规定			
13				
出现问题			解决办法	

【评价反馈】

1. 学生自评
学生扫码完成学生自评表。
2. 学生互评
学生扫码完成学生互评表。

3. 教师评价

教师扫码完成教师评价表。

任务二　注水井运维岗位操作与管理

【任务描述】

注水井是注水生产的基本单位，肩负着油田高产、稳产的重任。管理好注水井是生产中的关键。本任务要求熟悉注水岗位职责，能够进行误差运算，并进行封隔器的校验工作，在工作过程中，应该树立团队意识。

> **小贴士**
>
> "埋头苦干"是毛泽东为中国石油工业第一位劳动模范陈振夏的题词，是石油精神的奠基之石。"埋头苦干"的精神，激励着一代又一代石油人顽强拼搏，勤奋进取，锐意改革，对于石油行业发展有着重要的现实意义和深远的历史意义。

【任务目标】

（一）知识目标

1. 熟悉注水井运维岗位的职责；
2. 熟悉注水井运维岗位的安全要求；
3. 能够进行误差运算；
4. 掌握封隔器的作用、代号及其含义；
5. 掌握校验封隔器的目的。

（二）技能目标

1. 能安全、规范地进行注水井运维岗位作业；
2. 能校验水表；
3. 能调整水表误差；
4. 掌握校验封隔器的方法。

（三）素质目标

1. 培养埋头苦干、锐意进取的工作精神；
2. 培养羞于思考问题、主动寻求解决办法的职业习惯；
3. 培养系统思维与整体意识；
4. 提高安全生产、安全操作的意识。

子任务一　注水井运维岗位职责与要求认知

【任务描述】

　　注水井是指在含油层附近注入水来增加地下水压力，推动含油层内的原油向生产井流动，从而提高采油效果的一种采油方法。注水井的日常管理及问题分析对于保证采油效果具有非常重要的作用。注水井运维岗位从业者都应该将岗位职责牢记于心，在日常工作中践行岗位职责。

【工作准备】

1. 注水井运维班长的职责

（1）维护注水设备的安全和正常运行。注水设备包括注水管道、泵站、水箱、水井、水泵等。要定期组织检查设备的运行状态，对生产中发现的问题及时处理。

（2）控制、检测注水量。注水井的注水量需要根据基础地质、井底压力和注水压力等因素来进行控制。定期组织对注水量进行监测，确保注水量稳定，并根据注水效果来进行适当的调整。

（3）规范操作。注水井的操作一定要按照工艺要求来进行，要多次组织培训注水井运维员遵守操作规程，杜绝任何违章操作

（4）自查自纠。定期组织对注水井各项工作进行自查自纠，及时发现问题并纠正。

2. 注水井运维员的安全要求

（1）水质安全。注水井注入的水质如果过差，会对含油层造成损害，加剧含油层的污染。因此，要注重水质的采集和分析。

（2）沉积物堆积安全。注水井长期运行后，沉积物容易在注水管道内积累，从而影响工作效率，甚至导致堵塞，从而需要进行注水管道清理及维修。

（3）输油管道泄漏。输油管道可能出现泄漏，这会给环境带来危害，也会影响采油效果。因此，需要定期检查管道的状况，及时发现问题并进行修缮。

3. 注水井运维员的职责

（1）日程维护要做到：注水井口配件齐全，各连接部位不渗不漏，无锈蚀，各阀门开关灵活，必须能满足测试、取样、洗井等要求，用红色在注水井井口上法兰喷涂相应井号，用白色在注水井保温房喷涂相应井号。

（2）保证井口压力表齐全，量程选配合适（压力表每半年校验一次）。

（3）因钻井需要关井，须按企业规定程序进行逐层上报。

（4）注水单井油套压资料必须及时准确录取，对注水压力变化异常井，采油大队必须及时核实并上报。

（5）保证注水井口不得随意放水，必须进行定期强制检管。

(6) 注水井必须每季度测一次吸水指数和启动压力, 建立相应的技术管理台账, 测试完成一周内上报勘探开发研究所。

(7) 对注水井进行洗井时, 必须将洗井时间、进出口水量、排量、溢流量等数据如实地记录在注水班报上。

【任务实施】

1. 任务实施要求

(1) 明确岗位职责。

(2) 明确岗位安全要求。

2. 任务实施步骤（见表5-9）

表5-9 注水井运维岗位任务工作单

（注水井运维岗位）任务工作单				
姓名：		班级：		组号：
分组情况				
序号	学号	姓名	角色	职责
工作过程				
序号	工作内容		完成情况	备注
1	熟记注水井运维班长的职责			
2	熟记注水井运维员的安全要求			
3	熟记注水井运维员的职责			
出现问题			解决办法	

【评价反馈】

1. 学生自评

学生扫码完成学生自评表。

2. 学生互评

学生扫码完成学生互评表。

3. 教师评价

教师扫码完成教师评价表。

子任务二　现场校验水表

【任务描述】

  定期校验水表是准确执行配注计划，确保完成油田配产、配注任务，提高经济效益的一项重要工作。本任务要求能熟练完成现场校水表工作。

【工作准备】

  问题引导 1：水表调整的计算方法是什么？
_____
_____
_____。

  问题引导 2：水表的调整方法是什么？
_____
_____
_____。

  问题引导 3：注水井倒注水流程的安全要求有哪些？
_____
_____
_____。

【任务实施】

  1. 任务实施要求

（1）必须穿戴好劳动保护用品。

（2）工具、量具、用具准备齐全，正确使用。

（3）操作规程符合安全文明操作。

（4）按规定完成操作任务，质量达到技术要求。

（5）操作完毕，做到工完、料净、场地清。

2. 任务实施步骤（见表 5-10）

表 5-10 现场校验水表任务工作单

（现场校验水表）任务工作单				
姓名：		班级：		组号：
分组情况				
序号	学号	姓名	角色	职责
工作过程				
序号	工作内容		完成情况	备注
1	设备准备			
2	材料准备			
3	工具准备			
4	人站在阀门侧，先将被校水表的下流阀关闭，再将被校验水表的上流阀关闭			
5	把胶皮管接在被校验水表下流放空阀处，另一端接标准桶，记下水表读数			
6	缓慢打开放空阀，并将水量调到"公称流量"			
7	当标准桶装满时，迅速关闭放空阀，第二次记录下水表读数			
8	计算水表误差，如误差超过 ±5%，则要进行调整			
9	校验完毕后，改回原流程。水表校验合格后，加好封印，做好记录			
10	收拾工具、清理场地			
11	遵守国家或企业有关安全规定			
出现问题				解决办法

【评价反馈】

1. 学生自评

学生扫码完成学生自评表。

2. 学生互评

学生扫码完成学生互评表。

3. 教师评价

教师扫码完成教师评价表。

子任务三　校验封隔器

【任务描述】

校验封隔器是注水井操作的重要内容。封隔器是用来封隔油套环空，起到封隔油层，保证分层注水顺利实施的作用。本任务要求能正确校验封隔器。

【工作准备】

1. 封隔器

封隔器是指在外力作用下能够涨大直径的胶筒，是密封油套环空的专用工具。

2. 封隔器的应用范围

问题引导1：封隔器的应用范围有哪些？

_____
_____
_____。

3. 封隔器的分类

按工作原理不同，封隔器可分为支撑式、卡瓦式、水力压差式、水力密封式、水力压缩式、水力自封式、水力机械式和皮碗式等形式。

问题引导2：支撑式封隔器的特点有哪些？

_____
_____
_____。

问题引导3：卡瓦式封隔器的特点有哪些？

_____
_____。

问题引导 4：水力压差式封隔器的特点有哪些？
_____
_____
_____
_____。

问题引导 5：水力密封式封隔器的特点有哪些？
_____
_____
_____
_____。

问题引导 6：水力压缩式封隔器的特点有哪些？
_____
_____
_____
_____。

按封隔件不同，封隔器可分为以下几种：
自封式：_____。
压缩式：_____。
楔入式：_____。
扩张式：_____。
组合式：_____。

4. 封隔器代号

问题引导 7：封隔器代号的组成及含义
解封方式代号：_____。
支撑方式代号：_____。
坐封方式代号：_____。
缸体外径：_____。
工作温度：_____。
工作压力：_____。

5. 封隔器校验方法
（1）套压法：_____。
（2）正注套溢法：_____。

【任务实施】

1. 任务实施要求
（1）必须穿戴好劳动保护用品。

(2) 工具、量具、用具准备齐全，正确使用。
(3) 操作规程符合安全文明操作。
(4) 按规定完成操作任务，质量达到技术要求。
(5) 操作完毕，做到工完、料净、场地清。

2. 任务实施步骤（见表 5–11、表 5–12）

表 5–11　套压法校验封隔器任务工作单

（套压法校验封隔器）任务工作单			
姓名：	班级：		组号：
分组情况			
序号	学号	姓名	角色　职责
工作过程			
序号	工作内容	完成情况	备注
1	设备准备		
2	材料准备		
3	工具准备		
4	关套管阀，使套管水全部注入油管		
5	待关井 2~4 h 后，看油压和套压变化		
6	若油压上升，套压下降 0.1~0.2 MPa，则表示封隔器严密		
7	若油压、套压无变化，则表示封隔器不严密，该井地面分注不合格		
8	收拾工具、清理场地		
9	遵守国家或企业有关安全规定		
出现问题			解决办法

表 5-12　正注套溢法校验封隔器任务工作单

(正注套溢法校验封隔器) 任务工作单			
姓名：	班级：		组号：
分组情况			
序号	学号	姓名	角色	职责

(注：上表为五列)

序号	学号	姓名	角色	职责

工作过程			
序号	工作内容	完成情况	备注
1	设备准备		
2	材料准备		
3	工具准备		
4	关套管阀		
5	关油管阀		
6	关水表阀		
7	放空，卸堵头，接外排管线		
8	缓慢开油管阀，正注水		
9	开套管阀，放溢流，要全开，并注意观察		
10	观察溢流情况，溢流越来越小，说明封隔器严密，反之，则不严密		
11	收拾工具、清理场地		
12	遵守国家或企业有关安全规定		

出现问题	解决办法

【评价反馈】

1. 学生自评

学生扫码完成学生自评表。

2. 学生互评

学生扫码完成学生互评表。

3. 教师评价

教师扫码完成教师评价表。

模块六　储油库操作与管理

储油库主要负责原油的集中储存及收发任务。本模块包括装卸岗位操作与管理和计量检验岗位操作与管理两个任务。在明确任务后，通过学习、理解相关岗位职责、工艺流程、设备结构原理、设备操作维护保养等内容，完成储油库相关工作。

任务一　装卸岗位操作与管理

【任务描述】

油气装卸是储油库基本操作，在熟悉装卸岗位职责的基础上，学生还应该掌握公路、铁路、水路的装卸工艺及管网连接方式。

> **小贴士**
> 装卸岗位作业，需要秉持团队协作能力及良好的职业道德，认同石油企业文化，发扬铁人精神及爱国创业精神，提高安全生产、安全操作的意识。

【任务目标】

（一）知识目标

1. 熟悉接卸岗位的职责；
2. 熟悉接卸岗位的安全要求；
3. 掌握铁路装卸工艺；
4. 掌握铁路装卸区管网的连接方式；
5. 掌握公路装卸工艺；
6. 掌握公路装卸区管网的连接方式；
7. 掌握水路装卸工艺；
8. 掌握水路装卸区管网的连接方式。

（二）技能目标

1. 能安全、规范地进行装卸作业；

2. 能进行铁路装油作业；
3. 能进行铁路发油作业；
4. 能进行公路装油作业；
5. 能进行公路发油作业；
6. 能进行水路装油作业；
7. 能进行水路发油作业。

(三) 素质目标

1. 树立质量强国的发展观念；
2. 培养一丝不苟、精益求精的大国工匠精神；
3. 增强绿色、节约的发展意识；
4. 培养爱岗敬业的职业操守；
5. 提高安全生产、安全操作的意识。

子任务一　装卸岗位职责与要求认知

【任务描述】

装卸岗位是保障油气安全、高效装卸的重要岗位之一。安全、规范地进行公路、铁路、水路装卸作业是从事油气装卸岗位的基本技能。每一位从业者均应该将对应岗位职责牢记于心，在日常装卸作业过程中践行岗位职责。

【工作准备】

1. 装卸油班长的安全要求

(1) 认真贯彻执行油库的安全管理制度及操作规程，带领班组人员严格遵守劳动纪律。

(2) 负责组织班组人员做好付油作业的防火、防爆、防静电，防混、跑油、防自然灾害和防人身伤亡等工作。

(3) 负责安排好装卸车（船）人员，分工明确，秩序井然。

(4) 装车（船）前，负责核对车（船）号、票据，检查设施完好情况；作业过程中应经常巡视检查，发现问题及时处理；车（船）装完后，应全面检查，使设备复位。

(5) 负责做好每日作业前的安全检查。

(6) 严格执行散装油品管理制度，认真执行各项安全制度及操作规程。坚持文明服务、优质服务。

(7) 熟悉付油设备的性能、操作方法、工艺流程，掌握石油商品的基础知识。

（8）作业前，严格检查设备的技术状况、作业人员的着装情况，发现问题及时处理。

（9）组织班组人员做好设备的维护、保养工作。

2. 卸油员的安全要求

（1）认真执行各项规章制度，懂得本岗位火灾危险性，熟悉油品性能，掌握灭火技能和处理险情程序。

（2）负责卸油设备和储油设备的维护检查。

（3）严格执行卸油操作规程，遇有危险情况立即停止作业，并迅速采取果断措施。

（4）接卸时，对油品的数量、品种进行认真核对，防止溢油和混油事故的发生。

（5）油品进站时，要对油品质量进行检验，不允许不合格油品进站销售。

（6）做好当班安全记录，向接班人员交代清楚。

3. 卸油操作工的安全要求

（1）进入装油场所的车辆、人员，严禁携带火柴、打火机、香烟及其他易燃易爆物品。

（2）不得穿化纤衣物、钉子鞋，应穿防静电服装。

（3）作业时车辆必须熄火，禁止使用车载电台、广播，作业前罐车必须接地可靠，先接静电导线，后进行装油作业。

（4）车辆对位后驾驶室内不得留人，作业现场除作业人员外，其余人员不得滞留作业现场，作业过程中禁止任何人随意上下车辆及启动车辆，由当班人员负责落实，班长监督检查。

（5）在装卸作业时应轻拿轻放，禁止野蛮作业。

（6）自觉遵守安全生产规章制度和劳动纪律，不得违章作业，并随时制止他人违章作业。

（7）遵守有关设备维修保养制度的规定。

（8）爱护和正确使用机器设备、工具，正确佩戴防护用品。

（9）发现事故隐患和不安全因素要及时向班长或有关部门汇报。

（10）发生工伤事故，要及时抢救伤员、保护现场，报告领导，并协助调查。

（11）努力学习和掌握安全知识和技能，熟练掌握本工种操作程序和安全操作规程。

（12）积极参加各种安全活动，牢固树立"安全第一"思想和自我保护意识。

（13）有权拒绝违章指挥和强令冒险作业，对个人安全生产负责。

【任务实施】

1. 任务实施要求

（1）明确岗位职责。

（2）明确岗位安全要求。

2. 任务实施步骤（见表6-1）

表6-1 装卸岗位任务工作单

（装卸岗位）任务工作单				
姓名：		班级：		组号：
分组情况				
序号	学号	姓名	角色	职责
工作过程				
序号	工作内容		掌握情况	备注
1	熟记装卸油班长的安全要求			
2	熟记卸油员的安全要求			
3	熟记卸油操作工的安全要求			
出现问题				解决办法

【评价反馈】

1. 学生自评

学生扫码完成学生自评表。

2. 学生互评

学生扫码完成学生互评表。

3. 教师评价

教师扫码完成教师评价表。

子任务二 铁路装卸油岗位操作与管理

【任务描述】

利用铁路专用线，完成石油产品的收发作业，是油气输送工的必备技能。本任务要求能安全、规范、高效地完成铁路收发油工作。

【工作准备】

1. 铁路装卸油系统

1) 轻油装卸系统

轻油装卸系统主要用于装卸_____的轻质油品。

轻油装卸系统由_____、_____、_____三部分组成。

问题引导1：轻油装卸系统各部分的作用是什么？

_____

_____

_____

_____。

2) 黏油装卸系统

黏油装卸系统主要用于装卸_____油品，多采用_____装卸，并配以往复泵等吸入能力较强的设备抽吸，故一般不需要设置抽真空系统；但为了满足油品加热的需要，应设置相应的加热设施，如加热盘管和蒸汽用头等。

3) 鹤管与集油管的连接

鹤管与集油管的连接方式有三种：_____、_____、_____，如图6-1所示。

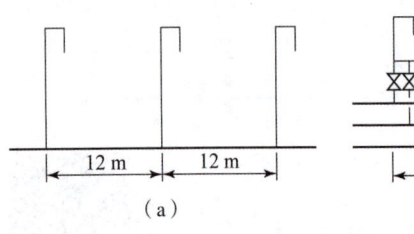

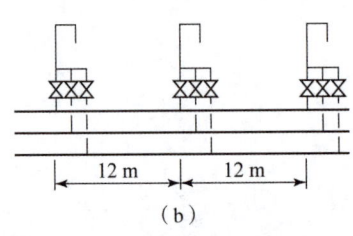

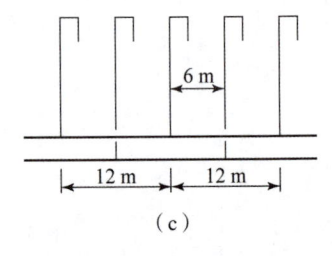

图6-1　鹤管与集油管的连接方式

(a) 专用单鹤管式；(b) 两用（或多用）单鹤管式；(c) 双鹤管式

问题引导2：对比分析三种连接方式各自的特点。

_____

_____

_____。

4) 输油管与真空管的连接

输油管与真空管的连接方式一般有两种：一种是在每一个鹤管控制阀上部引出一条短管与真空集油管相连，如图6-2（a）所示；另一种是将真空集油管与输油管在泵入口附近连接，如图6-2（b）所示。

（a） （b）

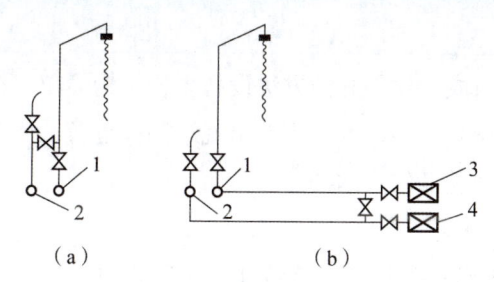

1—真空集油管；2—输油管；3—输油泵；4—真空泵。

图 6-2 真空管与输油管的连接

问题引导3：两种不同的连接方式各有何特点？

_____
_____
_____
_____。

5）大鹤管的管网连接

如图 6-3 所示，为了防止原油凝于鹤管内，装完一列油罐车后，各管都应排放空，一般是自流排空至零位油罐，零位油罐内的油品用泵沿装车管线输至储油罐或沿某一鹤管输至油车。

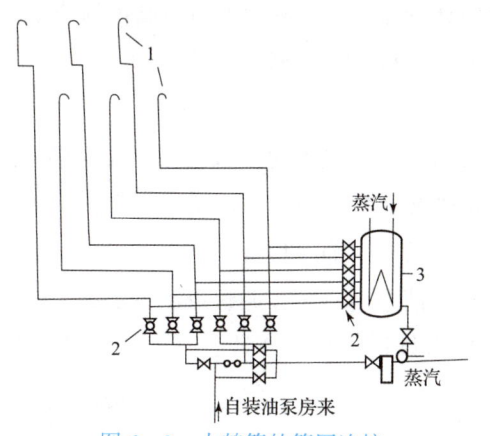

图 6-3 大鹤管的管网连接

2. 铁路油罐车装卸工艺

1）铁路油罐车的卸油工艺

上部卸油法指的是_____，有_____、_____、_____三种方式。

问题引导4：对比分析自流卸油、浸没泵卸油、压力卸油三种工艺。

_____
_____
_____
_____。

173

下部卸油法指的是_____。下部卸油系统主要由油罐车下卸器与输油管路组成。这种卸油方法设备少，结构简单，操作方便。但油罐车下卸器由于经常开关易磨损及行驶中振动等，容易出现渗漏，危及油库及沿途油罐车的安全，故这种卸油方法主要用于接卸黏度较大的油品。

2）铁路油罐车的装油工艺

问题引导1：对比分析铁路油罐车自流装油、泵送装油工艺。

_____
_____
_____
_____。

3. 油品接卸操作规程

1）作业的准备工作

（1）接到油罐车到站预报后，由油库负责人安排有关人员做好接卸准备。

（2）收取运单，质检部门（化验室）核对油料的品种、牌号和数量。

（3）司泵工检查输油管和油系是否正常，核对接卸油品种与输油管道阀门的开启是否相符。

（4）计量人员负责做好计量器具、接卸油罐液位高度检查工作。

（5）消防人员准备好消防器材，做好消防准备。

2）操作程序

（1）油罐车到库后，接卸操作员检查罐车安全装置是否符合规定，栈桥操作工连接好卸车鹤管，并检查有无滴漏现象。

（2）接到油罐车到站预报后，由油库负责人安排有关人员做好接卸准备。

（3）启动机泵，慢慢开启油泵出口阀，调整泵出口压力表指示值达到正常。

（4）油品接卸过程中应做好巡回检查工作，司泵工严格按照油泵操作规程进行操作，油泵运转中注意"_____、_____、_____、_____"；油罐车操作工应注意油罐车油位变化情况及有无异常情况。

（5）当接卸罐达到安全容量上限时，通知计量部门（计量室）进行换罐，此时应先开待换罐阀门，后关满罐阀门或停泵后进行调换。

（6）油品接卸结束后（要收净底油），关闭进、出口阀，切断电源。

（7）清理现场，收拾整理作业工具，填写作业记录。

2. 油罐车灌装操作规程

1）作业前的准备工作

（1）接到业务部门（业务科）当日装车计划，经油库负责人签批后，由计量室通知有关班组做好装车准备。

（2）寒冷地区在冬天送车（特别是黏油罐车）前，司泵工应及时打开暖库大门，检查库内铁路线是否畅通。

（3）槽车入库对位后，司泵工开车盖，检查栈桥附属设备和油泵相连接的管组阀门是否处于正常状态。化验人员对槽车进行质量检查，对不合格车辆根据质检组下达的通知单进行清理和扣装，对质检合格的车辆允许灌装。

（4）计量员抄车号、定表号，逐车施封下卸阀中心轴，待质检组下达装车通知单后再下达输转通知单。

（5）计量员在输油罐启用之前，测量＿＿＿＿＿＿＿＿＿＿＿＿＿＿，并开启输转罐出口阀。

2）操作程序

（1）各项工作准备就绪后，装油工上栈桥，放入装油鹤管，启动机泵，进行装车，此时应注意观察机泵、仪表运行情况，检查槽车袖位高度的变化，保持输转正常。

（2）油槽车装满油品后，停泵关闭阀门，启泵回抽管道存油，清理油坑。

（3）装油结束后，切断电源，关闭阀门，提出鹤管，并将端口放入接油盆内。通知计量室计量、施封。

（4）装油工封车盖，上紧拧牢螺栓。

（5）拉起梯子拴牢，并对栈桥进行全面检查。

（6）填写作业记录。

【任务实施】

1. 任务实施要求

（1）必须穿戴好劳动保护用品。

（2）工具、量具、用具准备齐全，正确使用。

（3）操作规程符合安全文明操作。

（4）按规定完成操作任务，质量达到技术要求。

（5）操作完毕，做到工完、料净、场地清。

2. 任务实施步骤（见表6-2、表6-3）

表6-2　铁路油罐车装油作业任务工作单

\multicolumn{5}{c}{（铁路油罐车装油作业）任务工作单}
姓名：		班级：		组号：
\multicolumn{5}{c}{分组情况}
序号	学号	姓名	角色	职责

续表

工作过程				
序号	工作内容		完成情况	备注
1	设备准备			
2	材料准备			
3	工具准备			
4	铁路油罐车对位安装防滑器			
5	接好静电接地线，检查装油鹤管			
6	打开油罐车口盖后通知计量、质检			
7	打开鹤管装油阀和潜油泵口盖			
8	通知罐区开通出罐流程			
9	通知司泵工开通泵房流程			
10	启动潜油泵			
11	启动机泵装油			
12	装油完毕，停泵，关好装车的有关阀门，通知泵房终止装车流程			
13	通知计量、质检			
14	回收鹤管，封好油罐车口盖，拆静电接地线，收整设备			
15	做好装车记录，清洁场地			
16	正确使用、维护工具			
17	遵守国家或企业有关安全规定			
	出现问题		解决办法	

表6-3 铁路油罐车卸油作业任务工作单

（铁路油罐车卸油作业）任务工作单				
姓名：		班级：		组号：
分组情况				
序号	学号	姓名	角色	职责

续表

工作过程				
序号		工作内容	完成情况	备注
1		设备准备		
2		材料准备		
3		工具准备		
4		铁路油罐车对位安装防滑器		
5		接好静电接地线，检查卸油鹤管		
6		稳油足够时间后，打开油罐车口盖，通知计量、质检		
7		通知罐区开通进罐流程		
8		通知司泵工开通泵房流程或开通真空泵流程		
9		启动潜油泵或打开真空阀灌泵		
10		启动潜油泵卸油		
11		卸油完毕，停泵关好卸车有关阀门，通知泵房开通扫仓进油流程		
12		打开扫仓管线阀		
13		开启扫仓球阀		
14		扫仓完毕，停泵关好扫仓阀门，通知泵房终止扫仓流程		
15		封好油罐车口盖，回收鹤管，拆静电接地线，收整设备		
16		做好卸车车记录，清洁场地		
17		正确使用、维护工具		
18		遵守国家或企业有关安全规定		
	出现问题		解决办法	

【评价反馈】

1. 学生自评

学生扫码完成学生自评表。

2. 学生互评

学生扫码完成学生互评表。

3. 教师评价

教师扫码完成教师评价表。

子任务三　公路装卸油岗位操作与管理

【任务描述】

油品公路发油区一般靠近储油库边缘和库外交通线，用围墙与其他分区分隔，并设独立的出入口，避免车辆对储油库的干扰。本任务要求能顺利完成油品的公路装卸作业。

【工作准备】

1. 公路装卸油工艺流程

问题引导1：公路油罐车有泵送装车和自流装车两种方式，可分为上装和下装两种形式，请结合图6-4进行分析。

_____
_____
_____
_____。

2. 公路收发操作规程

1) 提货单

油品提货单是顾客从油库提取油品的凭证。

2) 出库单

出库单是顾客提取油品后出库的凭证，由顾客交付门卫。出库单上应填写提货单位名称、提货日期、提货单编号及油品名称、数量等。

3) 发货登记账与日报表

发货登记账是按发油设备（流量表）分台记录提货单位名称、发油品种、数量等内容的账本，发货日报表是按天统计发油品种、规格、数量等内容的表格。以上台账应与同一油品提货单一致。

3. 发油操作规程

（1）发油工接到油品提货单后应核对油品名称、规格、数量、提货日期等内容，付完油品后要在提货单下端加盖发油工印章。若油品提货单中的数量比较大，一次提不完，发货部门可给提货单位出具油品分提单，作为下次提货的依据。

（2）检查顾客提货容器是否符合要求，放油阀、排污阀是否关闭，排气阀是否打开，容器内是否有存油，静电接地线是否完好等。

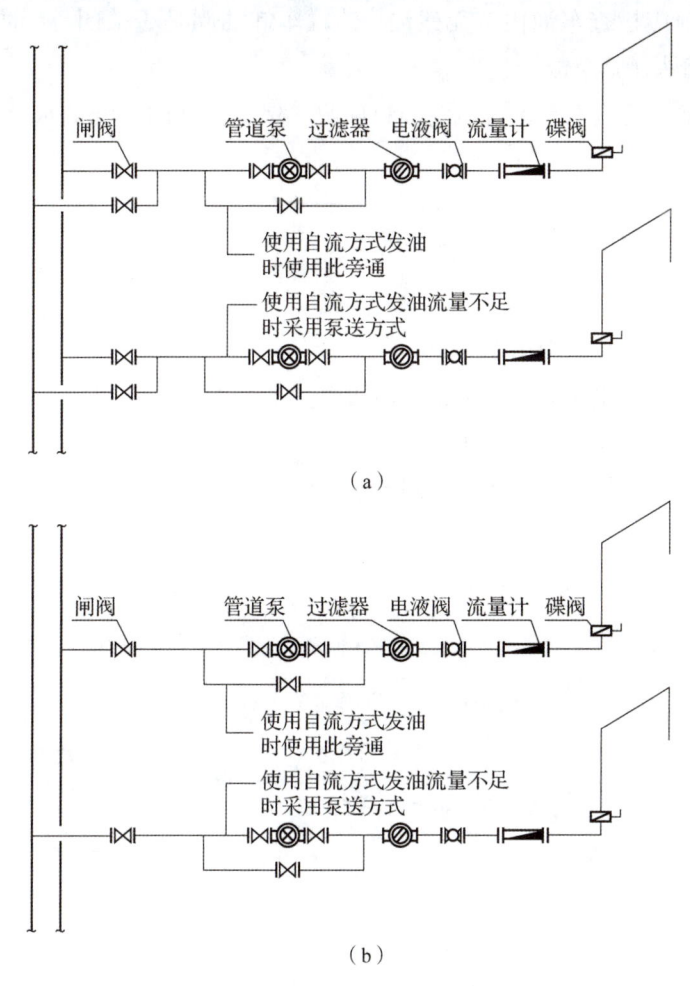

图 6-4　公路装卸油流程示意

(a) 泵送装车；(b) 自流装车

(3) 测量油品温度、换算油品体积、核对容器容积。

(4) 将装油管伸至距罐底不高于 200 mm 处，缓慢打开装油阀。发油作业时应严守岗位，密切注视流量计的指示值，待流量将达到发油体积时缓慢关闭装油阀。装油完毕，提出装油管或油枪，关闭油罐车或油桶口盖，卸下静电接地线，交付出库单。

(5) 在发货登记账上记录提货单位名称、提单编号及所提油品名称和数量。

4. 公路油罐车灌装注意事项

(1) 作业人员必须执行各项安全制度，并监督购油人员和驾驶员遵守安全规定。

(2) 公路油罐车灌装油作业现场常有少量油品的溢漏、滴洒，应及时铲除落地油，并统一回收处理，切不可用水冲洗，以免造成更多的污染。

(3) 应注意静电接地线的连接，防止接触不良、连接断路、连接不当而形成短路等引发的静电事故。

(4) 作业人员应随时注意并消除外来不安全因素。

（5）灌装油前应检查车油内有无残油、油罐车卸油阀是否关闭等，防止跑油、溢油、漏油，甚至引发着火爆炸事故。

（6）使用有效的抢险工具进行泄漏油料回收，保证现场的清洗油水导入隔油池而不向外扩散。

【任务实施】

1. 任务实施要求

（1）必须穿戴好劳动保护用品。

（2）工具、量具、用具准备齐全，正确使用。

（3）操作规程符合安全文明操作。

（4）按规定完成操作任务，质量达到技术要求。

（5）操作完毕，做到工完、料净、场地清。

2. 任务实施步骤（见表6-4、表6-5）

表6-4 公路油罐车装油作业任务工作单

（公路油罐车装油作业）任务工作单				
姓名：		班级：		组号：
分组情况				
序号	学号	姓名	角色	职责
工作过程				
序号	工作内容		完成情况	备注
1	设备准备			
2	材料准备			
3	工具准备			
4	消除人体静电			
5	引导车辆，放置警示墩			
6	接防溢及静电检测接口			
7	复核油料灌装单的数量、品名规格和清净剂等数据，检查车辆罐内余油与现装油品是否一致			
8	连接输油臂			
9	开启罐车底阀和排放阀			

续表

工作过程				
序号	工作内容		完成情况	备注
10	输入密码启动油泵				
11	装油过程中时刻监视装载计算机和现场,发现问题及时处理				
12	确认流量计止数与油料灌装单上的止数是否一致				
13	交还油料灌装单				
14	复位输油臂,油气回收接口接防溢及静电检测接口				
15	装车施封,移警示墩,引导车辆离开				
16	正确使用、维护工具				
17	遵守国家或企业有关安全规定				
出现问题			解决办法	

表 6-5　公路油罐车卸油作业任务工作单

（公路油罐车卸油作业）任务工作单				
姓名：		班级：	组号：	
分组情况				
序号	学号	姓名	角色	职责
工作过程				
序号	工作内容		完成情况	备注
1	设备准备				
2	材料准备				
3	工具准备				
4	公路油罐车对位				

续表

工作过程				
序号	工作内容	完成情况	备注	
5	接好静电接地线，连接好卸油软管		
6	通知罐区岗位开通卸油进罐流程		
7	稳油足够时间后，打开油罐车口盖，计量		
8	打开油罐车卸油阀、卸油鹤管阀和卸车泵入口阀		
9	打开卸车泵放空阀灌泵或启动真空泵灌泵		
10	启动卸油泵卸油		
11	卸油完毕，停泵，关好卸车有关阀门，通知罐区终止卸油流程		
12	封好油罐车口盖，拆开卸油软管，拆除静电接地线，收整设备		
13	检查卸油设备无泄漏，油罐车、地面无余油，通知驾驶员将油罐车驶出卸车台		
14	做好卸车记录		
15	正确使用、维护工具		
16	遵守国家或企业有关安全规定		

出现问题	解决办法

【评价反馈】

1. 学生自评

学生扫码完成学生自评表。

2. 学生互评

学生扫码完成学生互评表。

3. 教师评价

教师扫码完成教师评价表。

子任务四　水路装卸油岗位操作与管理

【任务描述】

与其他运输方式相比较，油品的水路运输具有运载量大、能耗少、成本低、效率高、投资少等特点，是沿海及江河沿岸地区常见的油品运输方式。完成水路装卸作业是装卸岗位的基本要求。

【工作准备】

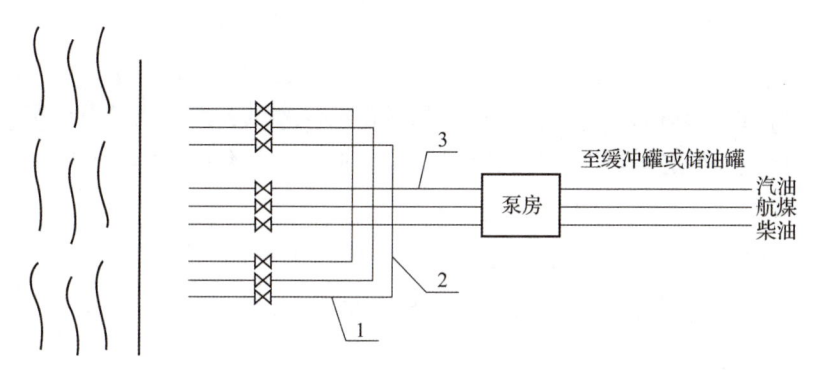

1. 水路装卸作业工艺流程

水路装卸作业工艺流程如图 6–5 所示。

图 6–5　水路装卸作业工艺流程示意

该工艺流程的特点是：针对每组油品，在码头上单独设置一组装卸油管路，在集油管线上设置若干分支管路，支管间距一般为 10 m 左右。其装船工艺（当储油罐的地理位置很高时，可充分利用地形能量进行自流装船）为：储油罐→装油泵（或自流）→流量计→输油臂→油船；其卸船工艺为：油船→船上输油泵→输油臂→流量计→储油罐。

2. 油船装卸油工艺流程的基本要求

问题引导1：结合卸油工艺流程，分析油船卸油的基本要求。

_____

_____

_____

_____。

3. 卸油作业规程

1）卸油准备

（1）油库接到主管业务部门的油船到达预报后，根据油品的品种、数量、确定进油罐、输油管道，备齐作业工具、消防器材、通信联络设备等。

（2）_____组织作业人员，交接任务，严密分工，提出要求，明确责任。

（3）按作业分工，对油罐及附件、油泵、管道、阀门、电器、通信、消防、静电接地装置等技术设备进行周密检查，确保其良好的工作状态。

（4）由_____对油罐进行计量，算出原存油及能进油的数量。

2）卸油作业

（1）油轮（油驳）到库后，作业人员按事先分工进入操作现场。

（2）核对_____、_____、_____和_____，检查_____及_____状况，发现问题，填写货运记录。

（3）_____按规定做好取样化验，并将油品质量结果报告通知有关人员。

（4）码头操作工应在启动油泵前，连接好卸油胶管或输油臂，接好静电接地线；计量员、司泵工应对油罐容量、油品名称、牌号、管道、阀门、油泵进行复查后，做到油品和进油罐、油泵、管道符合，确认无误后方可启动油泵，进行实际卸油作业。

（5）在接卸过程中，由专人巡视管道、呼吸阀，对作业情况进行监视，防止溢油、冒油。调换油罐时，必须先开_____阀门，后关_____阀门或停泵调换。

（6）连续作业时要办理_____手续，如遇雷电、大风、大雪或高温产生气阻的天气，应停止接卸。作业人员必须严守岗位，发现问题立即处理，并上报上级主管部门。

3）卸油结束

（1）要收净油船（油驳）底部残油、黏油，进行_____。

（2）停泵后，关闭油罐、管道阀门（油驳作业还应先关油泵，切断电源），卸下胶管（或输油臂）和_____。

（3）清理现场，收拾整理作业工具，填写作业记录。

（4）计量验收，核对实收油数量，算出_____和_____，填写油罐散装作业记录，上报公司，办理报损报益索赔手续。

4. 装油作业规程

1）装油准备

（1）接到业务部门的装船计划，经_____签批后，通知_____、_____及_____做好装油准备。

（2）以_____为交接依据的应先测出存油量，调度和保管人员应确定发油罐号、发油管道、码头泊位和大致发油时间等。

（3）以_____为交接依据的可将发油量换算成流量计读数。

2）装油作业

（1）一旦油船就位，_____应接好胶管（或输油臂）和静电接地线，并开启有关阀门。

（2）经巡检员检查确认无误后，_____可开泵发油。

（3）发油过程中司泵工应严格遵守油泵操作规程，随时观察仪表读数变化情况。司泵工应与码头操作工密切配合，不能脱岗，时间长的应做好交接班工作。

（4）要换罐时，必须先_____，再_____操作。

（5）当发油工作将完成时，应通知有关人员做好结束准备。

3）装油结束。

（1）发油完毕，先停油泵，再关闭油罐、管道阀门，卸下胶管（或输油臂）和静电接地线，做好_____。

（2）清理现场，收拾整理作业工具，填写作业记录。

（3）以_____为依据的，作业结束后应计量油罐，算出_____，上报公司，并开具发量证明和发票，填写油罐散装作业记录。

【任务实施】

1. 任务实施要求

（1）必须穿戴好劳动保护用品。

（2）工具、量具、用具准备齐全，正确使用。

（3）操作规程符合安全文明操作。

（4）按规定完成操作任务，质量达到技术要求。

（5）操作完毕，做到工完、料净、场地清。

2. 任务实施步骤（见表6-6、表6-7）

表6-6 油船装油作业任务工作单

（油船装油作业）任务工作单					
姓名：		班级：		组号：	
分组情况					
序号	学号		姓名	角色	职责
工作过程					
序号	工作内容			完成情况		备注
1	设备准备					
2	材料准备					
3	工具准备					
4	消除人体静电					
5	接好静电接地线					

续表

工作过程				
序号	工作内容		完成情况	备注
6	检查输油臂有无异常，管线、阀门、法兰等有无渗漏，栈桥走台板、栏杆、梯子等有无损坏			
7	搭好船梯后，通知计量、质检			
8	通知罐区开通出罐流程			
9	通知司泵工开通泵房流程			
10	启动离心泵装油			
11	装油完毕，停泵关好装船有关阀门，通知泵房终止装船流程			
12	通知计量、质检			
13	回收输油臂，拆静电接地线，收整设备			
14	做好装船记录，清洁场地			
15	正确使用、维护工具			
16	遵守国家或企业有关安全规定			
出现问题			解决办法	

表6-7 油船卸油作业任务工作单

（油船卸油作业）任务工作单			
姓名：	班级：		组号：
分组情况			
序号	学号	姓名	角色	职责

续表

工作过程			
序号	工作内容	完成情况	备注
1	设备准备		
2	材料准备		
3	工具准备		
4	消除人体静电		
5	接好静电接地线		
6	检查输油臂有无异常，管线、阀门、法兰等有无渗漏，栈桥走台板、栏杆、梯子等有无损坏		
7	稳油足够时间后，通知计量、质检		
8	连接输油臂，打开卸油管线入口阀		
9	通知罐区开通进罐流程		
10	通知司泵工开通泵房流程		
11	通知船方启动离心泵		
12	卸油完毕，停泵，关好卸船有关阀门		
13	通知泵房开通扫舱进油流程		
14	打开扫舱管线阀		
15	开启扫舱球阀		
16	扫舱完毕，停泵，关好扫舱阀门，通知泵房终止扫舱流程		
17	回收输油臂，拆静电接地线，收整设备		
18	做好卸船记录，清洁场地		
19	正确使用、维护工具		
20	遵守国家或企业有关安全规定		

出现问题	解决办法

187

【评价反馈】

1. 学生自评

学生扫码完成学生自评表。

2. 学生互评

学生扫码完成学生互评表。

3. 教师评价

教师扫码完成教师评价表。

任务二　计量检验岗位操作与管理

【任务描述】

计量检验岗位担负着保障油库收发油数量和质量的责任。在本任务中，要熟悉计量检验岗位职责及油品的计量方法，掌握原油含水化验的方法。能够安全、准确、规范地进行计量和化验操作，并对储油罐（以下简称油罐）进行检尺操作，确保所输油品质量达标。

> **小贴士**
>
> 高质量发展要求我们必须树立质量强国的观念和意识，因此，在计量检验过程中要坚持科学、严谨的作风，要不断养成精益求精的大国工匠精神。

【任务目标】

（一）知识目标

1. 熟悉计量岗位和化验岗位的职责；
2. 熟悉计量岗位和化验岗位的安全要求；
3. 了解计量的特点；
4. 掌握油品计量的方法；
5. 了解容积表的编制与应用；
6. 掌握静态计量的计量器具；
7. 了解取样原则；
8. 理解取样的方法；
9. 掌握原油含水化验的方法。

（二）技能目标

1. 能安全、准确、规范地进行计量和化验操作；
2. 能对油罐进行检尺操作；

3. 能完成油罐内储油量的计算；

4. 能对立式油罐进行取样操作；

5. 能对原油含水进行化验。

（三）素质目标

1. 具备坚守工作岗位、恪守职责的职业精神；

2. 具备精益求精的大国工匠精神；

3. 能够认清工作任务内容，具有及时发现问题、分析问题和解决问题的能力；

4. 培养高质量发展的观念。

子任务一　计量检验岗位职责与要求认知

【任务描述】

　　计量检验岗位是保障油库收发油数量和质量的重要岗位之一。安全、准确、规范地进行计量和化验是从事计量检验岗位的基本技能。本任务要求能够将对应岗位职责牢记于心，在日常计量检验过程中践行岗位职责。

【工作准备】

1. 计量班长的职责

（1）组织本班员工，严格执行企业的各项安全生产规章制度和安全操作规程，落实各生产岗位的安全要求。

（2）进行现场安全巡查，协助生产岗位员工解决有关安全问题，及时发现并报告事故隐患，纠正违章行为。

（3）督促监督计量员按规定着装，严禁使用一切可能产生火花或易积聚静电的计量器具、用具和照明器材。

（4）组织安全活动，负责新员工上岗前的安全教育，班前、班后经常进行安全教育，掌握本岗位所配备的消防器材和其他设备设施的使用方法，掌握火灾等异常情况的应急处理方法。

（5）组织计量员对油品装卸、输转、排水过程进行监护，按规定巡查管线，防止漏油、溢油或混油。

（6）按规定定期对计量器具、发油流量计进行检验，不经过检验合格不准使用。

（7）如遇雷雨大风天气，应停止计量作业，使设备复位。

（8）按规定及时对各罐进行计量，不定期地抽查流量计的数量情况，保证油品不发生人为非正常损益，保证发出油品无责任超耗。

（9）安排并监督本班人员按规定对油罐、阀门、油罐附件进行检查和养护工作。

（10）主持全班日常工作，合理安排人员休假。负责全班人员的工作安排和考勤记录。

2. 计量员的职责

（1）自觉遵守、严格执行企业各项安全生产规章制度和安全操作规程。

（2）熟悉与本岗位相关的安全管理规定，掌握本岗位所配备的消防器材和其他设备设施的使用方法，掌握火灾等异常情况的应急处理方法。

（3）杜绝"三违现象"，积极配合隐患治理，防止发生其他事故。

（4）严格执行设备设施管理规定，定期检查、维护和保养责任范围内的设备设施。

（5）自觉加强健康保护意识，做到"三不伤害"。

（6）爱护环境，减少污染，节约用水用电，增强环保意识，确保责任区环境整洁。

（7）认真执行计量法规、安全法规，严格遵守油库各项规章制度和计量操作规程。

（8）负责各种油品收、发、存的相关工作，确保计量数量准确可靠，作业期间按时巡检。

（9）按规定量油，认真核对当天的发油数量，发现油水高度异常变化，应及时处理并上报领导。

（10）正确使用和保管计量器具，发现问题及时报告。

（11）按规定着装，严禁使用一切可能产生火花或易积聚静电的计量器具、用具和照明器材。

（12）负责油品装卸、输转、放水作业，防止溢油或混油。

（13）如遇雷雨大风天气，应停止计量作业，使设备复位。

（14）负责责任区内的设备保养维护工作，杜绝"跑、冒、滴、漏"现象。按规定巡查管线、阀门、中转油泵、油罐及附件，发现问题及时处理。

（15）做到礼貌服务，通信畅通，与相关部门的联系沟通及时准确。

（16）交接班清楚，记录齐全、准确。

（17）认真分析、判断和处理各类事故苗头，把事故消灭在萌芽状态，发生事故时要果断、正确地处理，及时向上级报告并保护现场。

3. 化验员的安全要求

（1）严格执行各项安全制度、安全操作规程，保证安全生产。

（2）做好化验室的安全管理工作，定期检查化验仪器、电气设备的状况，发现问题及时排除。

（3）按有关规定妥善保管化学试剂、药品和油样。

（4）化验中产生的废液、废物要集中处理，不得乱扔乱倒。

（5）每日工作完毕后，检查设备安全状况，并切断电源，关窗锁门。

【任务实施】

1. 任务实施要求

（1）明确岗位职责。

（2）明确岗位安全要求。

2. 任务实施步骤（见表6-8）

表6-8 计量检验岗位任务工作单

（计量检验岗位）任务工作单			
姓名：	班级：		组号：
分组情况			
序号	学号	姓名	角色	职责

工作过程			
序号	工作内容	掌握情况	备注
1	熟记计量班长的职责		
2	熟记计量员的职责		
3	熟记化验员的安全要求		
出现问题		解决办法	

【评价反馈】

1. 学生自评

学生扫码完成学生自评表。

2. 学生互评

学生扫码完成学生互评表。

3. 教师评价

教师扫码完成教师评价表。

子任务二　静态计量操作

【任务描述】

静态计量就是指对静止储油容器内储存油量的计量，是储油库的一项非常重要的计量工作。实现对油罐内油量的计量是储油库计量岗位的一项重要工作内容。本任务要求岗位操作人员能够安全、准确、规范地完成油罐的相关计量操作。

【工作准备】

1. 油品计量的特点

油品计量是计量管理工作中最重要的组成部分,准确计量能够减少或避免不必要的经济损失,同时保护了用户的合法权益。

问题引导1:油品计量的原则有哪些?

_____
_____
_____
_____。

2. 油品计量的方法

1)衡量法

衡量法是以油品质量作为计量核算单位,确定收发、储存油品数量的计量方法。通常以衡器和砝码来计量油品的质量。

衡量法的优点是不受环境、温度、黏度影响,但是安全性差,不适用于管道运输。

2)体积法

体积法是以油品体积作为计量核算单位,确定收发、储存油品数量的计量方法。

体积法的特点是用标准容器或流量计来计量油品的体积值。但是这种方法受温度影响大,对所得结果需进行温度补偿修正,适用于大宗油品交易场所。

3)体积—质量法

体积—质量法是整个交接过程采用体积法,然后根据油品温度、密度计算出全部交接油品的质量。计算公式为

$$m = V_{20}(\rho_{20} - 1.1)$$

式中:V_{20}——油品标准体积,m^3;

ρ_{20}——油品标准密度,kg/m^3 或 g/cm^3;

1.1——油品空气浮力修正系数。

3. 容积表的编制与应用

对每个储油容器都要编制容积表。容积表能反映容器中任意高度液体所对应的容积,即从容器底部基准点起,任意垂直高度对应的该容器的有效容积。利用容积表,可以方便地得到油品液位下的容积 V_t。

1)立式油罐的检定及容积表的编制

立式油罐包括拱顶和浮顶油罐,对立式油罐检定,通常采用几何测量法,即根据立式金

属油罐的几何形状，用尺或光学仪器对罐体每圈板直径、圈板高度和厚度、油罐底量（亦可用容量比较法）、罐体倾斜、罐椭圆度、罐参照高度、罐内附件等进行测量。如果是浮顶油罐，还要增加对浮顶起浮前的最低点、浮顶质量和浮顶起浮高度的测量。通过测量油罐体各部位的几何尺寸，计算油罐容量，编制油罐任意高度与容量对应关系的油罐容量表。

立式拱顶油罐容积表一般包括以下三部分：

（1）主表：从容器计量基准点起，以每间隔 1 cm（或 1 dm）高度对应的容积进行累加，直至安全高度的一种表。

（2）附表：又称小数表，它是以油罐圈板高度和罐内附件位置划分区段，给出各区段（1 mm 或 1 cm）对应容积值并配合主表使用的一种表。

（3）容积静压力修正表：油罐中的油品在静态储存时，会对罐壁产生静压力，使罐容量增大，这个增大值随着罐高增加。考虑这一因素编制的容积静压力修正表一般根据密度为 1 g/cm³ 的储存介质，其储存高度从基准点起，以 1 dm 间隔增加至安全高度所对应的一列油罐容积增大值的累加值。

浮顶油罐容积表的形式同拱顶油罐，不同的只是在浮顶油罐容积表的附属说明栏中应注明浮顶质量、浮顶起浮前最低点和非计量区间（浮顶从开始起浮至完全起浮经过的区间）。

2）立式油罐容积表的使用

使用时依据油高在立式油罐主表上查出 dm 或整数高度对应容积；在小数表上先由油高找到该高度对应区间，再在该区间内查出 cm 数容积、mm 数容积；然后在容积静压力修正表上查出修正量，并乘以编制油罐静压力容积表时采用的标定液密度。将上述各项容积相加，即可得到油品高度下的容积。

用公式表示为

$$V_{to} = V_c + \Delta V_c \times \rho_W / \rho_c \tag{6-1}$$

式中：V_{to}——油品高度对应容积；

V_c——由油品（或游离水）高度查油罐容积表得到的对应高度下的空罐容积；

ΔV_c——由油品（或游离水）高度查容积静压力修正表得到的油罐在标定液静压力作用下的容积膨胀值；

ρ_W——油罐运行时工作液体的计量密度，可用标准密度（ρ_{20}）乘以计量温度下的体积修正系数（VCF）求得；

ρ_c——编制油罐容积静压力修正表时采用的标定液密度，通常为 4 ℃纯水的密度（1 g/cm³）。

4. 计量器具

1）量油尺

量油尺如图 6-6 所示，量油尺是用于测量容器内油品高度或空间高度的专用尺，由尺砣、尺架、尺带、挂钩和手柄等组成。

问题引导 2：量油尺的使用规定有哪些？

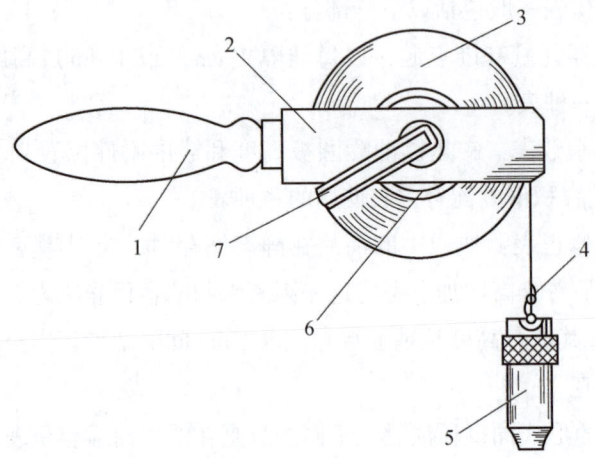

_____

_____

_____。

1—尺柄；2—尺架；3—尺带；4—挂钩；5—尺砣；6—轮轱；7—摇柄。

图 6-6　量油尺

2) 温度计

石油计量所用温度计的最小量程为 0.2 ℃，测量范围为 -30~50 ℃和 -50~30 ℃两种。

问题引导 3：温度计的使用规定有哪些？

_____

_____

_____

_____。

油品交接计量应选用分度值为 0.2 ℃的玻璃棒全浸水银温度计。

3) 密度计

石油密度计是按阿基米德定律设计的，由躯体、压载室和干管三部分组成。

问题引导 4：密度计的使用规定有哪些？

_____

_____

_____。

【任务实施】

1. 任务实施要求

(1) 必须穿戴好劳动保护用品。

（2）工具、量具、用具准备齐全，正确使用。
（3）操作规程符合安全文明操作。
（4）按规定完成操作任务，质量达到技术要求。
（5）操作完毕，做到工完、料净、场地清。

2．任务实施步骤（见表6-9）

表6-9　油罐检尺量油任务工作单

	（油罐检尺量油）任务工作单
	姓名：　　　　　班级：　　　　　组号：
	分组情况
序号	学号	姓名	角色	职责
	工作过程
序号	工作内容		完成情况	备注
1	设备准备			
2	材料准备			
3	工具准备			
4	进罐区前，释放静电，了解液面情况			
5	上罐时，手抓扶手，平稳登梯			
6	到达罐顶时应观察风向，站在罐口上风位置			
7	缓慢打开量油孔盖，侧身将量油尺缓慢、平稳地放入罐内，接触罐底后微提			
8	确认悬重锤下到罐内液面以下，方可停止下尺，不得将悬锤下到罐底			
9	悬重锤和量油尺在液面下静止3 s后，记录量油数据，缓慢提升量油尺，禁止猛提			
10	提出量油尺，准确记录油痕面刻度			
11	提出量油尺并擦干净			
12	重复上述步骤，若两次量油误差超出：静液面2 mm，动液面3 mm，则需要重新量油			

续表

工作过程				
序号	工作内容		完成情况	备注
13	收拾擦拭工具，清理现场，携带工、量具下罐，计算罐内油面深度			
14	遵守国家或企业有关安全规定			
	出现问题		解决办法	

【评价反馈】

1. 学生自评

学生扫码完成学生自评表。

2. 学生互评

学生扫码完成学生互评表。

3. 教师评价

教师扫码完成教师评价表。

子任务三　原油含水化验操作

【任务描述】

原油的含水化验分析，对于计量过程以及最终的生产及运输过程都具有非常重要的影响，能够对原油的质量进行很好的判断，可以有效地计量原油的净量，并且对石油相关行业的生产效率具有非常直接的影响。实现对原油含水化验是储油库化验岗位的一项重要工作内容。要求岗位操作人员能够安全、准确、规范地完成原油含水化验操作。

【工作准备】

1. 取样

取样是油田生产过程的一项重要工作，只有取样方法正确、取样器选用准确，取出来的试样才具有代表性，能够更好地为化验分析服务。

1) 取样原则

（1）用于试验的试样，必须对被取样油品具有代表性。要保证做到这一点，有许多要注意的事项，它们取决于石油及石油液体产品的特性、被取样的油罐和管线以及对试样要进行试验的性质。

（2）当油罐内样品是静止状态时才能够进行取样操作。为了从一个静止的油罐中取出有代表性的试样，通常采用上、中、下部取样，并按规定混合。

2) 依据标准

油品取样分为手工取样和自动取样。手工取样的操作应按照 GB/T 4756—2015《石油液体手工取样法》标准中的有关规定进行。该标准主要用于各类容器（如油罐、油罐车、游轮等）及管线油品输送取样。从油罐中取样时，其罐内压力应为常压，而且油品的温度不宜过高，并为液体。自动取样法应符合 SY/T 5317—2006《石油液体管线自动取样法》的有关规定，该标准适用于管输油品的连续自动取样，克服了手工取样的不足。

3) 取样的条件

应选择清洁干燥、不渗漏并有足够强度、容量适合的取样器、取样设备和试样容器。

试样容器是用于储存和运送试样的接收器，容积为 0.25～5 L，可以是玻璃瓶、塑料瓶（不能用于储存油品）、带有金属盖的瓶，应有合适的瓶塞、帽或阀密封试样。

4) 取样部位

对于大型卧式圆筒形，取样可按表 6-10 进行，所取得的样品作为点样。

表 6-10　取样部位及取样分数

油品类型	容器	取样部位	取样分数
均匀油品	立式油罐液面 3 m 以上	上部：顶液面下 1/6 处 中部：液面深度 1/2 处 下部：顶液面下 5/6 处	各取一份，按等体积 1∶1∶1 混合均匀
	立式油罐液面低于 3 m	中部：液面深度 1/2 处	取一份
非均匀的油品	立式油罐	出口液面向上每间隔 1 m 取样	每份分别试验

5) 取样方法

（1）取样时，首先用待取样的油品冲洗取样器一次，再按照取样规定的部位、比例和上、中、下的次序取样，以免取样时扰动较低一层液面。取样时，降低取样器，直到其口达到要求的深度，用适当的方法打开塞子，在要求的液面处保持取样器直到充满为止。

（2）试样容器要有足够的容量，取样结束时至少留有 10% 的无油空间。

（3）试样取好后，应装在干燥洁净的瓶子里密封好，供试样分析和仲裁使用。贴好标签，注明取样地点、容器（罐）号、日期、油品名称、牌号和试样类型等。

（4）管线油品的手工取样，可以分为流量比例样和时间比例样，推荐使用流量比例样，取样时应在适宜的管线取样装置进行。取样前，要用被测油品冲洗取样器。

2. 原油含水化验方法

1）蒸馏法

蒸馏法的原理：将一定量的试样与无水溶剂混合，加热回流，溶剂和水在接收器中被连续分离，水沉降在接收器的刻度部分，溶剂则返回蒸馏瓶。

蒸馏法的特点：测量范围较大，0.1%以上的含水率都可用蒸馏法进行检测；操作简便，成本低，较安全，为国内各部门普遍采用，是我国原油含水率测试的主要方法。

2）离心法

离心法的原理：将等体积的原油和经水饱和的甲苯溶液装入锥形离心管中，离心分离后，读出在管底部的水和沉淀物的体积。

离心法的特点：测量结果是原油中水和沉淀物的总量；单就含水率来说，测定结果往往低于实际含水率。该方法的优点是操作简便，速度快，比较安全，适用于大批量、高含水率原油的测定。

3）电脱水法

电脱法的原理：将一外电场作用在油水乳化液里，使油中的乳化水滴被极化并相互吸引而成游离水沉降下来，并从盛取油样的量筒刻度上读取水量。

电脱法的特点：模拟现场电脱水，适用于测定乳化严重和高黏度的原油，测量精度较低，属于现场方法。

【任务实施】

1. 任务实施要求

（1）必须穿戴好劳动保护用品。
（2）工具、量具、用具准备齐全，正确使用。
（3）操作规程符合安全文明操作。
（4）按规定完成操作任务，质量达到技术要求。
（5）操作完毕，做到工完、料净、场地清。

2. 任务实施步骤（见表6-11、表6-12）

表6-11 油罐取样任务工作单

（油罐取样）任务工作单					
姓名：		班级：		组号：	
分组情况					
序号	学号	姓名	角色	职责	

续表

工作过程				
序号	工作内容		完成情况	备注
1	设备准备			
2	材料准备			
3	工具准备			
4	进罐区前，释放静电，了解液面情况			
5	上罐时，手抓扶手，平稳登梯			
6	到达罐顶时应观察风向，站在罐口上风位置			
7	量油尺测量油罐内液面高度，预定三次取样的位置			
8	用取样器取样时，从测量口把盖紧的取样器放入罐内，使其缓慢沉到液面上部，然后迅速拉开取样器的盖子，使油样进入取样器中			
9	缓慢提出取样器，禁止摇摆，将油水液从取样器倒入清洁干燥的接样筒内			
10	每次取样后必须清洗取样器至清洁干净，再按上述步骤接取中部、下部的试样			
11	收拾工具，清理现场，填写记录			
12	遵守国家或企业有关安全规定			
出现问题			解决办法	

表6−12　原油含水化验任务工作单

（原油含水化验）任务工作单			
姓名：	班级：		组号：
分组情况			
序号	学号	姓名	角色	职责

续表

工作过程			
序号	工作内容	完成情况	备注
1	设备准备		
2	材料准备		
3	工具准备		
4	将取回的待测样品静置沉降，达到能够将游离水滗出的分离条件（一般经过12 h以上），将样桶外部擦拭干净，进行称量，记录读数为总重 W_1		
5	油、水基本分层完全后，用搅棒拨开油层，小心地将游离水倾出，并反复搅拌至游离水滗净，记录称量读数为乳化油和样桶重 W_2		
6	将分离出游离水后的乳化油样品加热（不超过50 ℃），使样品有充分流动性，再充分搅拌，然后按要求称取油样质量，称准至0.1 g		
7	在乳化油足量的情况下尽量多取，使接收器中最终水的读数在10 mL左右，但不宜超过13 mL，以保证化验结果的准确性和代表性		
8	在称好试样的烧瓶中加入适量溶剂油，放入搅拌子，如加热装置无磁力搅拌功能，则加入适量沸石，装上接收器，仪器保持垂直，冷凝管上端用棉花塞好（不要太紧）		
9	打开循环冷却水，开始加热，初始阶段（0.2～0.5 h）要缓慢加热，然后调整沸腾速度（调整电压），控制馏出物每秒2～5滴为宜，并防止馏出物冲出，冷却水温度一般要为20～25 ℃		
10	当接收器内上层溶剂完全透明，下部水量至少保持5 min不再增加时，便停止蒸馏（原则上蒸馏时间不低于40 min）		

续表

	工作过程		
序号	工作内容	完成情况	备注
11	待温度稍降低后，可用鹅毛刷或其他水刮器具将冷却管内壁附着的水分刮下来，卸下接收器放置于工作台上，使接收器处于垂直状态静置，记录读数时视线应与水面水平，读弯月面切点，如果液面在 1.0 mL 刻度以上则读准至 0.1 mL，在 1.0 mL 刻度以下则读准至 0.025 mL		
12	测定完毕后，将接收器洗净，并用无水乙醇脱水后，在热气流烘干器上烘干备用		
13	遵守国家或企业有关安全规定		
出现问题		解决办法	

【评价反馈】

1. 学生自评

学生扫码完成学生自评表。

2. 学生互评

学生扫码完成学生互评表。

3. 教师评价

教师扫码完成教师评价表。

参考文献

[1] 李娟,张志宝. 井站运行与管理[M]. 北京:石油工业出版社,2012.

[2] 李振泰. 油气集输工艺技术[M]. 北京:石油工业出版社,2007.

[3] 中国石油天然气集团公司人事服务中心. 集输工(上下册)[M]. 北京:石油工业出版社,2006.

[4] 中国石油天然气集团公司人事服务中心. 注水泵工(上下册)[M]. 北京:石油工业出版社,2007.

[5] 中国石油天然气集团公司人事服务中心. 采油工(上下册)[M]. 北京:石油工业出版社,2005.

[6] 蒋洪,刘武. 原油集输工程[M]. 北京:石油工业出版社,2006.

[7] 冯叔初,郭揆常. 油气集输与矿场加工[M]. 北京:中国石油大学出版社,2006.

[8] 胜利石油管理局劳动工资处. 集输工标准化操作任务教程[M]. 北京:中国石油大学出版社,2006.

[9] 李瑞红,潘文龙. 集输工[M]. 北京:石油工业出版社,2008.

[10] 王光然. 油气集输[M]. 北京:石油工业出版社,2008.

[11] 侯淑华,孙洪泉. 泵和压缩机的使用与维护[M]. 北京:石油工业出版社,2015.

[12] 茹慧灵. 输气技术[M]. 北京:石油工业出版社,2013.

[13] 李振泰. 油气集输技能操作读本[M]. 北京:石油工业出版社,2013.

[14] 祝守丽. 油气储运与油品装卸[M]. 北京:石油工业出版社,2012.

[15] 崔彬澎. 油气储存与销售[M]. 北京:石油工业出版社,2012.

[16] 中国石油天然气集团公司职业技能鉴定指导中心. 采气工[M]. 北京:石油工业出版社,2014.

附表1　学生自评表

学生自评表

学到的知识/技能点	
不理解的知识/技能点	
有待提升岗位能力	

附表 2　学生互评表

学生互评表

任务名称	评价内容	完成情况			
		优	良	中	差
综合能力测评任务（组内互评）	任务是否按时完成				
	材料完成上交情况				
	完成质量				
	语言表达能力				
	小组成员合作情况				
	创新点				
专业能力测评任务（组间互评）					
小组评议及建议	他（她）做到了： 他（她）的不足： 给他（她）的建议：	组长签名 　年　月　日			
老师评语及建议		评价等级 教师签名 　年　月　日			

附表3 教师评价表

教师评价表

任务名称	评价内容	分值	得分
职业素养考核任务	穿戴规范整洁	6分	
	安全意识、责任意识、服从意识	6分	
	积极参加教学活动，按时完成学生工作手册	10分	
	团队合作、与人交流能力	6分	
	劳动纪律	6分	
	生产现场管理6S标准	6分	
专业能力考核任务	专业知识查找及时、准确	12分	
	操作符合规范	18分	
	操作熟练、工作效率	12分	
	完成质量	18分	
总分			
总评	自评（20%）+互评（20%）+师评（60%）	综合等级	教师签名